JN095938

Minerva Shobo Librairie

# 高齢者福祉政策論

坂本 勉
［著］

ミネルヴァ書房

本書は、佛教大学通信教育教材テキストとして開発されたものをもとに作成しています。

# はじめに

本書は，社会福祉士養成課程の「高齢者福祉」で用いられる要素と，大学での「高齢者福祉論」という学問体系を意識して執筆した。多くの類書は複数の執筆者で構成されているが，これまでの教育・研究の一部として単独執筆によって出版することになった。

前者の国家試験対策という側面では，法令上の変化や最新の情報および理念の変遷などある意味厳密さが問われる一方，それを意識しすぎると単なる解説書となる。また，学問として位置づけるならば時代を超えて歴史貫通的な視点から，その原理を探る必要がある。特に意識したのは政策的な側面からのアプローチであり，高齢者への社会的対応が実践されてきた明治期から2000（平成12）年の介護保険制度成立を経た現在までを流れとして示すことである。

社会福祉学は，これに３つの側面があると指摘した星野貞一郎の『社会福祉原論』から一部援用するなら，「第一に相互扶助による福祉的機能」「第二に宗教的慈善による福祉的機能」「第三に政治的救済としての社会福祉」という歴史をたどってきた。それは日本に限らず海外でも同じような経緯をたどっており，そのため社会福祉の本質について「相互扶助」「宗教的慈善」「政治的救済」という３つの側面からその原理を明らかにしようとしてきたといえる。そのため「高齢者福祉の原理」をとらえようとするならば，歴史貫通的な原理を探らなければならない。そのためには，歴史分析が重要となる。しかし，一方で学生には喫緊の課題である「国家試験対策」としての知識も必要となる。この両者を融合させることができないかと模索し，今回の執筆に至った。

しかし，単独で執筆したことを通じて感じたことは，老人福祉法が制定された1963（昭和38）年からこの領域が目まぐるしく変遷してきたということである。「社会福祉学」がその時々の「社会」に応じて変化してきたこと，その「社会」を構築してきた社会的背景や社会情勢または理念などが複雑に絡み合い，社会的にも政治的にも変わらざるをえなかった側面があることを理解していただきたい。「国家試験対策」の視点からはその社会を大きく変えた出来事やその時々の政府の方針，各種報告書などを重点的に学習することが求められるが，学問的にはその変遷の過程で議論された考え方や思想などを深く読み込む作業が求められてくるだろう。

「高齢者福祉政策論」と題した本書の執筆を通して，「生老病死」という課題と人類が絶えず向き合い，その克服を懸命に追い続けているのだと改めて考えさせられた。誰もが逃れられない課題だと理解しているつもりだが，その苦痛を少しでも和らげ安心した生活を続けることに，この学問の立脚点があるという認識を改めて深めることができた。

これからも，人類の英知を結集してより良き社会の構築を目指しながら，本書が「社会福祉学」という領域に関心を持っていただいた学生へのなんらかの手助けとなることを願いつつ挨拶とさせていただく。

最後に，本書の刊行にあたってその機会を提供していただいた佛教大学には心から感謝申し上げる。

2023年10月

坂本　勉

目　　次

## 第4章　高齢者福祉政策の発展



## 第5章　介護保険の法制度



## 第6章　介護保険制度におけるサービス

## 第7章　認知症の基礎的理解とその対策

## 第8章　認知症への非薬物療法と支援の概念



## 第9章　高齢者福祉に関連する法制度

# 第1章　日本の老人福祉の歴史

## 1　前近代の高齢者

まず，この書籍を刊行するにあたってどの時代背景から論じるべきかという問題があるが，筆者は国家規模での対応がなされた時期から取り上げるべきであると考えた。その理由として，江戸時代までの高齢者は幕藩体制のなか「家」制度下で吸収されていたと考えられる。また，さまざまな地方では独自にその対応を行ってきた歴史も散見されるが，歴史貫通的な視点からいうならば，散発的な対応であったといわざるをえない。

日本が今日の民主主義国家を形成するまで，国家規模での対応がどのようになされてきたのかを分析する必要がある。これらの理由から，国家としての対応がなされてきた明治時代からその施策を概観することが適切であると考えた。明治時代，わが国の資本主義社会の本格的な導入と同時に，地方に点在していた労働者が都市部へ流入し，その派生的な現象として老親扶養の問題も認識されるようになったからである。特に，「家」制度の崩壊と同時に，賃金労働者が急速に増加しその扶養家族として労働能力を持たない高齢者の問題が全国で散見されるようになった。この時期の特徴としては，今日のような年金制度がなく，働いて賃金を得ることができなくなった高齢者が貧困な状況に陥り，なおかつその家族も老親扶養が十分できないほど，低賃金での生活を余儀なくされてきた。この時期の特徴は，現代のような介護サービスを必要とする高齢者像ではなく，貧困問題として高齢者が全国に登場してきたことにあるといえる。

ここで，明治期の法学研究者である穂積陳重の書籍である『隠居論』[(1)]（1891）から当時の時代背景や思想などを概観したい。明治期の日本にはまだ老人への「社会権」といった発想がなかったが，同時期のヨーロッパ諸国には老人への

「社会権」を認めていこうとする機運があり，穂積によれば，「1889（明治22）年ドイツの『老廃保険法』，1891（明治24）年デンマークの『養老年金法』，1898（明治31）年ニュージーランドの『養老年金法』，1898（明治31）年イタリアの『老廃保険法』，1900（明治33）年ベルギーの『養老年金法』，1901（明治34）年オーストラリアの『養老年金法』，1903（明治36）年フランスの『養老保険法』，1908（明治41）年イギリスの『養老期金法』[(2)]」など，各国がその整備を広げていた。この時期の諸外国の思想として，2つの主要な論点がある。菊池（1971）は「老齢は人が長生きすればそれに伴って必ず起こってくる衰弱の状態で，廃疾者の一種とするものである。この考え方によれば老人の生活保障は，老人の生活の必要（ニード）を充すべきものとなる。他の一は，老人は多年にわたり生産的労働をし，直接に企業のため，広くは社会的に貢献しているから，すでに退職後の生活保障となる手当や年金に相当する稼ぎをしているとする[(3)]」考え方があったと述べている。前者は今日でいう「生存権」を高齢者に認めようとする考えであり，後者は「報酬主義」の考え方であったため，穂積は前者の考えに賛同していた。

いずれにおいても，諸外国ではすでに高齢者への年金制度を明治期に整えつつあり，わが国への導入を検討した一部の政治家もあらわれつつあった。

## 2　恤救規則と養老法案

明治期は，日本が国家としての体裁を整え欧米列強に対抗すべく，富国強兵政策を強力に推し進めた時期であり，都市部を中心とした重厚長大なる工業化への進展も見られるようになる。また，農民層の解体と同時に賃金労働者として都市部に人口が集中する時期でもあった。

先述したように，明治期にはすでに欧米での年金制度の整備が進められ，わが国でもその整備を進めるべきとの声も一部の政治家にあった。

明治期における社会的背景として，「殖産興業」「富国強兵」政策が進められ，資本主義社会構造の構築と機械制工業の導入を大胆に行ったことがある。同時に，封建家臣団の解体や農村に滞留する大量の農民達の都市流入がはじまったのもこの時期である。

明治政府は，労働力確保として農民層の解体を促進するため，1873（明治6）年7月の地租改正条例の公布により，高額の租税，小作地料により農民に大きな負担を強いる状況を生み出した。当時の農民の惨状として，「朝に家を破り夕に産を傾くる者は農民にあらずや，妻は寒えたりと叫ぶも之に衣するの衣綿なく，児は飢えたりと叫べども之に食せしむるの米粟なきもの亦農民にあらずや」といった状況で，その急激な貧農化はまた，全家族員を賃労働へと変化させる要因を持っていた。

明治初期からの急激な社会構造の変革は，近代的な工業制資本主義体制の確立によるもので，その一方で貧困層の拡大が顕著であった。また，これら貧困層の対応に苦慮した全国各地の都道府県より国に対してその対応への要望が寄せられるようになる。もはや，都道府県レベルでは対応できない未曾有の貧困層の拡大と，特に生産的労働に従事できなくなった貧困高齢者などの対応に対して全国から要望が出されていたのである。

この時の日本の状況としては，労働能力がありながら働く場所がない，もしくは働く場所があっても低賃金のため老親扶養に耐えられない労働者家庭が相当数存在していた。繰り返しになるが，欧米ではすでに「生存権」や「報酬主義」などの考え方から労働に耐えない高齢者への年金制度を整備し，高齢者層の貧困化を防ぐ社会的整備を行ってきたが，この時期の日本では，「生存権」や「報酬主義」といった「社会権」を認めるような思想は否定されていた。そのため，天皇からの慈善として「慈恵政策」が採用された。そのわが国初の国家規模での救貧法が「恤救規則（じゅっきゅうきそく）」であった。

以下，その恤救規則に触れておく。

1874（明治7）年12月8日，「恤救規則」（太政官達第162号）を制定し，全国的，統一的な救済制度を導入した。太政官達とは，天皇からの通達であり，絶対的権威者である天皇による「慈恵」としての交付であった。また，天皇を中心とした新政府の強化策もその狙いにあったこと，天皇による仁政として人民掌握の手段として法制化しているなどの点が特徴である。

第百六十二號（十二月八日　輪廓附）　　府　縣

濟貧恤窮ハ人民相互ノ情誼ニ因テ其方法ヲ設ヘキ筈ニ候得共目下難差置無告ノ窮民ハ自今各地ノ遠近ニヨリ五十日以内ノ分左ノ規則ニ照シ取計置委曲内務省へ可伺出此旨相達候事

恤救規則

一　極貧ノ者獨身ニテ癈疾ニ罹リ産業ヲ營ム能ハサル者ニハ一ケ年米壹石八斗ノ積ヲ以テ給與スヘシ

　但獨身ニ非スト雖トモ餘ノ家人七十年以上十五年以下ニテ其身癈疾ニ罹リ窮迫ノ者ハ本文ニ準シ給與スヘシ

一　同獨身ニテ七十年以上ノ者重病或ハ老衰シテ産業ヲ營ム能ハサル者ニハ一ケ年米壹石八斗ノ積ヲ持テ給與スヘシ

　但獨身ニ非スト雖トモ餘ノ家人七十年以上十五年以下ニテ其身重病或ハ老衰シテ窮迫ノ者ハ本文ニ準シ給與スヘシ

一　同獨身ニテ癈疾ニ罹リ産業ヲ營ム能ハサル者ニハ一日米男ハ三合女ハ二合ノ割ヲ以給與スヘシ

　但獨身ニ非スト雖トモ餘ノ家人七十年以上十五年以下ニテ其身病ニ罹リ窮迫ノ者ハ本文ニ準シ給與スヘシ

一　同獨身ニテ十三年以下ノ者ニハ一ケ年米七斗ノ積ヲ以給與スヘシ

　但獨身ニ非スト雖トモ餘ノ家人七十年以上十五年以下ニテ其身窮迫ノ者ハ本文ニ準シ給與スヘシ

一　救助米ハ該地前月ノ下米相場ヲ以テ石代下ケ渡スヘキ事

注：規則本文中の「積」は，見つもり，計算の意。1石は10斗。1斗は約18リットル。「廃疾」は重度の障害。「下米相場」は下等米の時価のこと（この解説は仲村優一『社会福祉概論　改訂版』誠信書房，1991年，p.183から引用）。

この恤救規則は，わが国初の国家的救済法規として注目されるが，その内容における特徴は，その前文に示されているように，第一は救済そのものが「人民相互ノ情誼」によるべきとしており，日本特有の家族制度下の親族扶養によ

**表1－1　恤救規則による救済人員の推移**

扶助種類別官金救済表

| 年次 | 癈疾 | 疾病 | 老衰 | 幼弱 | 合計 |
|---|---|---|---|---|---|
| | 人 | 人 | 人 | 人 | 人 |
| 14年 | 1,693 | 1,982 | 2,204 | 1,102 | 6,981 |
| 15年 | 1,396 | 1,828 | 1,671 | 1,152 | 6,047 |
| 16年 | 1,451 | 1,932 | 1,646 | 1,373 | 6,402 |
| 17年 | 1,743 | 2,811 | 2,651 | 2,419 | 9,624 |
| 18年 | 2,024 | 3,533 | 2,335 | 2,989 | 10,881 |
| 19年 | 2,445 | 4,869 | 2,871 | 4,680 | 14,865 |
| 20年 | 2,457 | 5,033 | 2,836 | 4,873 | 15,199 |
| 21年 | 2,479 | 4,900 | 2,710 | 4,632 | 14,721 |
| 22年 | 2,454 | 2,690 | 2,690 | 4,214 | 14,245 |

出所：日本社会事業大学救貧制度研究会編『日本の救貧制度』勁草書房，1960年，p.89。

るものと，明治初年まで存続していた五人組による隣保相扶，つまり地縁共同体の役割を前提とした救済策であったことである。しかも，その対象は「無告ノ窮民[(4)]」に限定し，また高齢者に対する対象年齢も70歳以上の病弱者等を原則としていた点からも，制限的救助主義を基本とした救済立法であったことがうかがえる。

この恤救規則が，制限的救助主義を貫いた背景には，当時の内務卿であった大久保利通の発言からもうかがうことができる。「恤救規則のごときは惰民を助長し濫救の弊害を生ずるものである」との主張から見られるように，惰民助長を防ぐといった思想が根底にあり，積極的な救済立法は明治期には見ることはできなかった。

**表1－1**は恤救規則による救済人員の推移であるが，公的救済に頼らざるをえない高齢者とは，70歳以上の病弱者であり，かつ身寄りのない者を対象に，かなり限定的な救済施策であったにもかかわらず，高齢者の救済比率が高いことは注目すべきことである。このことから，明治民法による親族扶養の義務にもかかわらず貧困な高齢者が多く存在していたということが確認できる。

このように，貧困問題としての対応が政府に求められていたが，当時は国民に対する権利としての意味合いではなく，天皇からの慈善としての法制化であったことが欧米とは本質的に異なる点である。そのため，親族扶養や隣保相扶，公的救済からも排除された貧困高齢者への対応は，民間慈善活動に頼らざるをえなくなり，明治期に慈善活動としての貧困高齢者の保護活動が広がっていったのである。しかし，民間活動家による窮民救助施設はほそぼそとしたものであり，すべての貧困高齢者を救済するには数的に限りがあった。当時の推計で，救済を必要とした「窮老」が約１万5000人程度存在していたにもかかわらず，全国の窮民救助施設は17か所（収容者1597人[(5)]）しか存在しなかった。

このような状況を見かねた国会議員が欧米を見習い，わが国にも年金制度を導入すべく1912（明治45）年立憲国民党の福本誠が第28議会に「養老法案」を提出することとなった。その法案内容は，「『帝国臣民ニシテ年齢七十歳ニ達シ，無資産無収入ニシテ且保護者ナキ者』には一〇銭。また『一年ノ収入額金三十六円五十銭ニ充タ』ざるものには一〇銭以下を支給[(6)]」しようとするものであった。その福本が法案提出の理由として次のように述べている。「貧民の親族は概ね貧民なり，何の余力ありてか族類窮老の扶助に及ばむや，設ひ一時其の急に赴くとも以て永久を期するを得す。窮老者の餓死自殺日に相次ける所以なり[(7)]」（大日本帝国議会誌第八巻）と言及している。つまり，貧困層の拡大と，貧困家庭の老親扶養が困難であること，さらに窮老者の餓死自殺者数の増加などを法案成立の理由として提出した。しかし，「時期尚早なり」といった理由で，法案は廃案となる。

明治初期の段階には，児童や障害者，高齢者など「貧困」による救済を必要とした者を保護する施設が登場し「秋田感恩講」や「小野慈善院」「東京府養育院」などが混合収容型の施設として開設し救済事業を展開していた。明治後半には，混合型施設から高齢者を対象にした分離収容型施設が開設されるようになり，1895（明治28）年東京市に英国人宣教師ソーントンが開設した「聖ヒルダ養老院[(8)]」，翌年神戸市にキリスト教徒であった寺島信恵が開設した「神戸友愛養老院」（のち神戸養老院へ改称[(9)]），1902（明治35）年に岩田民次郎の聖徳太子信仰に基づく「大阪養老院[(10)]」，翌年「東京養老救護会」（のち浄土宗の支援により東京養老院へ改称）が開設された。これら民間慈善事業の多くは宗教的思想を基盤とする慈善家によって，窮民救助施設を開設していったのである。

一枚の写真（図１－１）から理解できることは，今日のような要介護の高齢者

**図1－1　明治期の窮民救助施設（1902年，大阪養老院の食事風景）**

出所：小川克正編『日本の福祉３』日本図書センター，1999年，p.167。

ではなく，無告の窮民であった高齢者が窮民救助施設に保護され，何気ない食事を三食提供され，雨風が防げるように改造した民家に収容されていたことである。また，これらの窮民救助施設は寄付によって成り立ち，その経営基盤は極めて脆弱であったと考えられる。同時に，明治期はそれまで禁止されていたキリスト教の宣教師などによる活動が解禁され，宗教的正当性を流布するためにも，宗教的慈善として窮民救助施設が運営されていたことが特徴である。

## 3　大正期の救済事業と養老事業

### 1　大正期の社会的背景

大正初期の1914（大正３）年の第一次世界大戦勃発に伴い，日本の重工業を中心とする工業生産が飛躍的に伸び，それに伴う企業の利潤追求と一般労働者間の経済格差が激化し労働運動が激しくなる時期である。しかも，大正デモクラシーと呼ばれた社会権を主張した運動も活発になり，海外では1917（大正６）年にロシア革命が起こり，学生や知識階級をはじめ民衆のなかに闘争的色彩が広がっていった。

このような社会的風潮のなか，1918（大正7）年8月の米騒動が勃発した。これは「戦後労働者の激増とそれに追いつけぬ米生産量の増加，さらには大正7年度不作見通しによる地主の売り惜しみと米穀商人の買い占め，ことに三井物産・鈴木商店らが独占的に輸入していた外米の不出庫，直接的にはシベリア出兵を見こした軍用米の備蓄など[(11)]」が主な原因であった。また，米騒動の発端と当時の状況を資料では次のように触れている。「県外移出の米を中止せよとの要求に対して，拒絶されたことによるもので，7月23日から9月17日までの57日間に，3府25県にわたって騒動が続き，襲撃箇所467ヶ所，うち焼討ち25ヶ所，軍隊出動38市町村，参加人員61万4,900人，収監者数6,325名に達し，放火者41人のうち第一審で死刑を宣告されたものは相当数に上り，最終判決で2人が死刑[(12)]」となった。この状況が，地元記者を通じて各地に広がり，社会に不満を抱く都市部の労働者の怒りに飛び火し，全国的な規模に拡大していく。時の首相・寺内正毅（まさたけ）は，新聞発禁，軍隊出動など，力による制圧で対応したが，総辞職に追い込まれる。そして大衆の力は，普通選挙法など大正デモクラシーの要求へとつながっていく。

この米騒動に対しての政府・資本家たちの驚きは非常なもので，労働運動とともに一般大衆を巻き込んだ米騒動の教訓として，国家的治安の視点をもたらした。そして，貧困などの経済格差は個人による問題から，社会構造や経済政策の矛盾として生まれるものだという認識が芽生え始めたのである。そして日本における社会事業が国家的責務として認識され，「経済保護事業」を展開するようになった。その事業内容は，住宅供給・公益質屋・公益市場・公益浴場・簡易食堂等の，中間階級を中心とした事業であり，救貧より防貧的救済を強調したものであった。

このような当時の社会状況のなか，1917（大正6）年河上肇著『貧乏物語』（弘文堂，1917年，のち岩波文庫）では，貧困問題を個人責任ではなく，社会構造の矛盾から生み出されるものであると指摘している。しかし，自由民権運動が激化するなかで，それらの思想に対抗するかの如く，当時の内務官僚の思想は，田子一民に代表される社会連帯思想であった。これは，「天皇制的国家共同体的救済事業思想を，いわゆる『事実としての連帯』である家族制度・隣保制度を残存しつつ，近代的社会連帯思想との結合を図り，社会事業思想として再編成を試みた[13]」ものであり，天皇を中心とした社会の改良と連帯を主張したもので，国民の権利性を前提とした民主主義的連帯とは相容れるものではなく，実質的に社会権といった権利を認めるものではなかった。

このように，当時の社会的背景は資本主義社会における社会構造の矛盾が噴出する時期であると同時に，自由民権運動などが活発になされた時期であった。それら運動の鎮圧や貧困問題などの社会政策上の必要性を認識される時期であった。また，経済状況においても第二次世界大戦へ向かうきっかけとして，1922（大正11）年の銀行不況，1923（大正12）年の関東大震災などの経済不況が，後の1927（昭和2）年の金融恐慌へとつながっていくのである。

## 2　社会事業の成立

大正期における社会的背景から，政府はもはや明治期に施行された制限的な「恤救規則」では，未曾有の貧困層発生への対応ができない状況であった。また，私的慈善家が行う養老事業もその数的問題への対応には限界があるとの認識を示していた。

政府のこれらの認識は，1920（大正9）年，内務省に「社会局」を新設し，また内務大臣の諮問機関である「救済事業調査会」は1921（大正10）年「社会事業調査会」へ改称し，社会的対応に関する諮問を行わせることとなった。

また，地方においてもその対応を独自に探りながら，1918（大正7）年，大阪府で「方面委員制度」が発足し，地域住民の生活状況把握や困窮者への支援などの取り組みが始まる。その取り組みはその後一挙に全国波及するが，その背景には生活困窮者への把握・支援が防貧への役割と同時に，治安対策としての側面も持ったことがあり波及の速度を増した。

また，1908（明治41）年に創設された民間社会事業の連絡統制などを行う中央慈善協会も，「『個人貧の時代』の『慈善』に対し，『社会貧』の解決をもとめる『社会連帯の観念を喚起』するため[14]」とし，1921（大正10）年「中央社会事業協会」と改称され，慈善から社会的対応課題として，社会事業という言葉が使用され始めた。

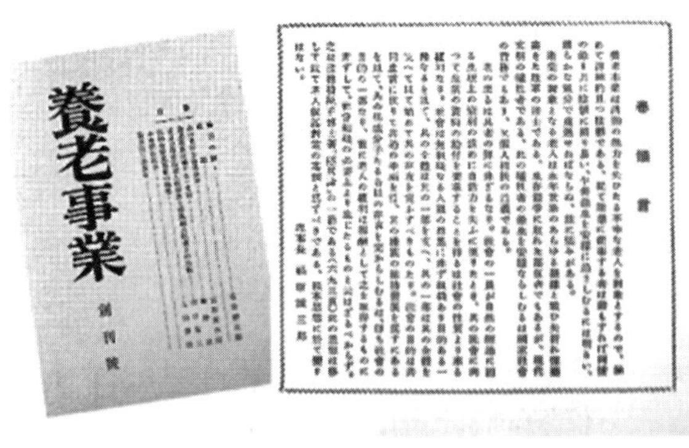


図1－2　1925（大正14）年第一回養老事業大会

出所：小川克正編『日本の福祉３』日本図書センター，1999年，p.171。

一方，1922（大正11）年には，国民健康保険法の成立が見られたが，この法律の第１条には「健康保険ニ於テハ保険者カ被保険者ノ疾病，負傷，死亡又ハ分娩ニ関シ療養ノ給付又ハ傷病手当金，埋葬料，分娩費若ハ出産手当金ノ支給ヲナスモノトス(15)」と規定された。「養老」「失業」の基本的な保護はなく，背後には，医療の社会化を前提にした日本医師会の救済を目的とした側面もあり，広く国民全体を包括するためのものではなかった。

以上のように，米騒動を転機とする日本の情勢は，社会政策上の見地より労働者の暴動や争議につながることを直接防止するという特徴を持った。この時期は，膨大な貧困層の拡大が国家的事業としての認識を深め，社会事業へと変化する時期であった。しかし，高齢者に限定した施策はこの時期も登場することはなく，広く生活困窮者のなかの貧困高齢者としての域を出るものではなかった。そのため，民間の養老施設の設置が増えその対応をかろうじて担っていたといえる。また，各地に点在していた養老事業関係者も，全国規模の組織の必要性を訴え，国に統一した要望や改善策などを提言するため，1925（大正14）年の「第一回養老事業大会」（図1－2）を開催することとなった。このことは，養老事業関係者の組織化と同時に，全国規模の養老事業への拡大へとつながる契機となった。

養老施設数も大正後半から増設され，全国に57の養老施設（うち大正期の新規施設31施設）が開設することとなった。

## 4　昭和初期における政策

### 1　救護法成立と養老事業

1926（大正15）年には，閣議決定され再設置された社会事業調査会が，「社会事業体系に関する件」を内務省から諮問され，経済的不況と恤救規則では対応できない大量の生活困窮者への問題を調査研究することとなった。その結果1927（昭和2）年「一般救護に関する体系」について答申を行い，その内容を基に内務省社会局での救護法案作成の作業に入った。そして，1929（昭和4）年「救護法案」に関して第56回議会へ提出し，1930（昭和5）年に実施するとの付帯決議をもって公布された。しかし，経済恐慌などの理由から実施にはいたらず，民間社会事業家が中心となり，全国方面委員大会などを開催しながら「救護法実施促進期成同盟」を発足させ早期実施を求める要望運動を起こすことになった。そのため，政府は1931（昭和6）年「救護法施行規則」を内務省令にて交付させ，翌年1月から実施されることとなった。

成立した救護法の第1条には「救護の実体は貧困のため生活することができない⑴六十五歳以上の老衰者⑵十三歳以下の幼者」などに限定され，しかも第3条では「救護法は原則として扶養義務者が扶養できない場合に限る」とし，第11条では「救護の方法は被救護者の居宅において行うことを原則とし，居宅

表1－2　救護法での救済人員の推移

年度別被救護者別救護状況調（日本社会事業年鑑　昭和14・5年版）

| 区別 ＼ 年度 | | 昭和7年度 | 昭和8年度 | 昭和9年度 | 昭和10年度 | 昭和11年度 | 昭和12年度 | 昭和13年度 |
|---|---|---|---|---|---|---|---|---|
| 65歳以上ノ老衰者 | 人員 | 44,116<br>(2,413) | 50,766<br>(2,438) | 51,349<br>(2,553) | 50,314<br>(2,721) | 50,563<br>(2,621) | 54,563<br>(2,621) | 55,755<br>(2,782) |
| | 金額 | 1,120,002 | 1,424,310 | 1,614,722 | 1,656,284 | 1,705,131 | 1,845,649 | 1,855,811 |
| 13歳以下ノ幼者 | 人員 | 66,406<br>(1,633) | 86,913<br>(2,246) | 94,250<br>(2,304) | 95,662<br>(1,933) | 97,375<br>(2,005) | 100,080<br>(2,764) | 96,745<br>(1,778) |
| | 金額 | 1,301,395 | 1,984,723 | 2,052,264 | 2,138,286 | 2,222,915 | 2,232,412 | 1,555,503 |
| 妊産婦 | 人員 | 3,310<br>(361) | 4,169<br>(700) | 3,073<br>(510) | 2,401<br>(405) | 2,025<br>(340) | 1,700<br>(263) | 1,037<br>(159) |
| | 金額 | 16,706 | 20,442 | 18,170 | 12,970 | 10,388 | 10,513 | 6,586 |
| 不具廃疾者 | 人員 | 8,751<br>(295) | 10,435<br>(348) | 11,681<br>(818) | 10,222<br>(301) | 10,922<br>(541) | 11,378<br>(554) | 11,587<br>(365) |
| | 金額 | 204,505 | 274,068 | 328,809 | 317,199 | 350,086 | 349,446 | 359,331 |
| 疾病傷痍者 | 人員 | 40,503<br>(9,627) | 48,844<br>(11,361) | 51,271<br>(10,499) | 49,823<br>(12,021) | 52,229<br>(13,209) | 57,404<br>(14,884) | 55,703<br>(13,123) |
| | 金額 | 720,861 | 1,088,834 | 1,225,579 | 1,278,305 | 1,423,456 | 1,499,677 | 1,584,360 |
| 精神耗弱又ハ身体虚弱者 | 人員 | 8,198<br>(1,271) | 10,588<br>(1,796) | 10,825<br>(1,853) | 10,322<br>(1,529) | 10,796<br>(1,595) | 10,724<br>(1,441) | 12,091<br>(1,341) |
| | 金額 | 208,894 | 325,739 | 551,349 | 475,830 | 447,394 | 461,395 | 493,660 |
| 幼者哺育ノ母 | 人員 | 1,424<br>(36) | 1,758<br>(21) | 1,018<br>(19) | 963<br>(28) | 1,089<br>(52) | 1,206<br>(18) | 988<br>(10) |
| | 金額 | 35,571 | 58,098 | 19,445 | 15,776 | 23,726 | 24,342 | 19,243 |
| 計 | 人員 | 172,708<br>(15,636) | 213,462<br>(19,010) | 223,467<br>(18,556) | 219,707<br>(18,998) | 225,000<br>(20,363) | 236,565<br>(22,574) | 260,206<br>(19,558) |
| | 金額 | 3,607,934 | 5,176,214 | 5,810,338 | 5,894,550 | 6,183,096 | 6,423,434 | 5,874,494 |

備考　人員欄に括弧を附したるは同一人に対し二種以上の救護をなしたるものを再掲したるものとす

出所：日本社会事業大学救貧制度研究会編『日本の救貧制度』勁草書房，1960年，p.253。

救護が不可能な場合，または不適当な場合は養老院，孤児院，病院その他本法による救護を目的とする施設に収容し，あるいは私人の家庭その他に委託して行う」（傍点筆者）と規定している。この法規則は，第一に恤救規則での70歳以上の規定から65歳以上へと年齢制限が緩和されている。当時の諸外国における養老年金または社会保険制度などの状況を鑑みて引き下げられたものである。また，扶養義務者の扶養を厳しく規定していることは，「古来の美風たる家族制度の崩壊」を招く恐れがあることからその規定を設け，さらに濫救を防止する目的も一方であった。そして，救護法では居宅保護を原則としていたが，居宅救護が不可能な者は養老院などでの施設保護を行うように規定しており，その規定を背景にして養老施設の運営は国家財政の経済的支援を受けるようになった。そのため，救護法施行後は，養老施設数も増設される傾向が見られた。

また，**表1-2**に見られるように救護法での救済人員も急速に増加し，1933（昭和8）年以降の居宅保護者の数も飛躍的に増加している。また65歳以上の老衰者の救済人員が高いことからも，家族や隣保相扶にも扶助されない貧困高齢者が多く存在していたことをうかがうことができる。

## 2　戦時下の厚生事業

1931（昭和6）年の満州事変勃発後，本格的な戦時体制の段階に入り，戦時下の対策として社会事業が位置づけられるようになる。

1937（昭和12）年末の調査によると，民間社会事業施設は社会事業施設全体の83%を占め[(16)]，当時の経済不況や寄付金の減少などによる経営難に陥る施設も多く，その対応を民間社会事業団体は政府に要望するようになる。その結果1938（昭和13）年「社会事業法」が交付されることとなる。しかし，救護法においてもその経済的支援と指導監督に政府があたっていたが，戦時への対応策としてさらに厳しい国の管理下に置かれる結果となる。すなわち，要保護者の収容委託命令，地方公共団体に対する事業経営命令など，戦時体制下に向けた「社会事業」から「厚生事業」としての変化を余儀なくさせられたのである。

このような社会事業の性格は1937（昭和12）年の「母子保護法」「軍事扶助法」，翌年の「国民健康保険法」，1941（昭和16）年「医療保護法」と軍事的目的性の強い法律が相次いで制定し，同年社会局が生活局に改称され，社会事業としての体制から戦時下の厚生事業へ変化していったのである。

このような流れのなか，養老施設の運営および生活状況は厳しさを増し，施設内の死亡者も増加する傾向にあった。

以下，救護法の主な条文を紹介する。

救護法（昭和4年法律第39号）

昭和4年4月2日公布，同7年1月1日施行　昭和12年法律第18号改正

◎昭和16年法律第36号改正　昭和21年法律第17号（昭和21年10月1日）廃止

第一章　被救護者

第一条　左ニ掲グル者貧困ノ為生活スルコト能ハザルトキハ本法ニ依リ之ヲ救護ス

一　六十五歳以上ノ老衰者

二　十三歳以下ノ幼者

三　妊産婦

四　不具廃疾，疾病，傷痍其ノ他精神又ハ身体ノ障碍ニ因リ労務ヲ行フニ故障アル者

第二章　救護機関

第三条　救護ハ救護ヲ受クベキ者ノ居住地ノ市町村長，其ノ居住地ナキトキ又ハ居住地分明ナラザルトキハ其ノ現在地ノ市町村長之ヲ行フ

第四条　方面委員令ニ依ル方面委員ハ命令ノ定ムル所ニ依リ救護事務ニ関シ市町村長ヲ補助ス

第六条　本法ニ於テ救護施設ト稱スルハ養老院，孤児院，病院其ノ他，本法ニ依ル救護ヲ目的トスル施設ヲ謂フ

第6条では，居宅救護（自宅での療養）が困難な者は，「養老院，孤児院，病院など」への入所を市町村の委託として認めることとなり，現在の「措置制度」の前身が成立したのである。このことは，公的財政基盤がなにもなかった明治期の窮民救助施設などが，委託事業として財政的な裏づけを獲得し，寄付に頼らない安定的な施設運営を実現する足がかりとなるのである。しかし，この時期も依然として家族や隣保相扶にも扶助されない貧困高齢者が多く存在していたため，養老院に収容しきれない高齢者へは，居宅救護（自宅での金銭給付）を実施し，その給付金で最低限の生活を維持していたと考えられる。当時は今日のような要介護高齢者の問題というより，年金制度もない状況のなかで金銭的な援助が必要な高齢者層が相当数存在していたため，この救護法の成立によってその数的拡大が見られた。

**表1－2**には，救護法下での救済人員の人数があらわされているが，明治期

の恤救規則の救済人員とその救済規模が格段に異なることに注目していただきたい。これらの統計から推察されることは，明治期の恤救規則がいかに制限的救助主義を採用し，実質的な救済事業となりえていなかったかということである。逆に，救護法では実質的な救済業務を政府を挙げて取り組んだため，統計上の数字が格段に拡大していることがわかる。また，窮民救助施設も脆弱な財政基盤から救護法下で公的資金が提供されることを通じて以前より安定的に施設運営に従事することができるようになっていったのである。

ここで，救護法第4条に規定された「方面委員」制度について言及することとする。この制度は，当時の大阪府知事林市蔵が，府の救済事業指導であった，小河滋次郎（おがわしげじろう）（法学博士）の協力を得て，ドイツのエルヴァーフェルト制度を参考に考案・創設されたものである。本制度は，名称を「方面委員」と名づけ知事の委嘱による名誉職とするものであった。ここでは，市町村小学校通学区域を担当区域とし，職務は区域内の一般生活状態の調査と生活改善方法の検討，要救護者各戸の状況調査と救済方法の適否判断，救済機関の適否調査と要新設機関の検討，日用品受給状態の調査と生活安定方法の検討などであった。

制度の特徴については，以下に挙げておく。⑴「社会測量」を重視して，これを2つに分け，いわゆる社会調査（社会的健康診断）と，ケース・スタディ（社会的対処診断）を通して濫給・漏給を防ぎ，効果的・合理的・徹底的な救済を行おうとした。⑵委員の選任については，「無産階級に接触する機会の多い職業」の者で「当該地方土着または準土着の常識的人格」を具備する人物を選び，民間篤志家による民間社会事業の発達を期待したものであった。

このように，大正末期から昭和初期にかけて政府はやっと大衆の窮乏化に対して目を向けその対策を行うことになった。しかし，昭和初期の段階から徐々に第二次世界大戦に向けての準備が進められ，戦火のなかこれらの制度の運用も実質的には機能しない状況になっていった。

注

(1)　穂積陳重『隠居論』日本経済評論社，1978年。

(2)　穂積陳重，前掲書，pp.623-624。

(3)　菊池勇夫「穂積陳重と社会権」『日本学士院紀要』第30巻第1号，1971年，p.31。

(4)「人民相互ノ情誼」＝家族制度下の親族扶養・明治初年まで存続していた五人組による隣保相扶。「無告ノ窮民（親族・地域の相互扶助などのつながりさえもない労働能力なき極貧者）」に限定。対象年齢も70歳以上の病弱者等を原則。

(5)　池田敬正『日本社会福祉史』法律文化社，1994年，p.334。

(6)　一番ヶ瀬康子ほか編『戦後社会福祉基本文献集15　日本の救貧制度』勁草書房，2001年，p.148。なお当時の1銭は現在約200円となる。

(7)　一番ヶ瀬康子ほか編，前掲書，p.149。

(8)　現在は，社会福祉法人聖ヒルダ会として運営されている。詳細は，HP：http://www.hiruda.or.jp/（2023年3月31日現在）。

(9)　現在は，社会福祉法人神戸老人ホームとして運営されている。詳細は，HP：http://www.krh-sumiyoshi.com/history/（2023年3月31日現在）。

(10)　現在は，社会福祉法人聖徳会として運営されている。詳細は，HP：https://www.shoutokukai.net/about/（2023年3月31日現在）。

(11) 森喜一『日本労働者階級状態史』三一書房，1975年，p.290。

(12) 森喜一，前掲書，p.290。

(13) 吉田久一『現代社会事業史研究』川島書店，1990年，p.94。

(14) 池田敬正，前掲書，p.520。

(15) 風早八十二『日本社会政策史　再版』日本評論社，1949年，p.238。

(16) 厚生省五十年史編集委員会編『厚生省五十年史　記述篇第一巻』厚生問題研究会，1988年，p.368。

## 参考文献

穂積陳重『隠居論』日本経済評論社，1978年（1915年刊の復刻版。原著は1891年）。

一番ヶ瀬康子ほか編『戦後社会福祉基本文献集15　日本の救貧制度』勁草書房，2001年（1960年刊の複製）。

森喜一『日本労働者階級状態史』三一書房，1975年。

風早八十二『日本社会政策史　再版』日本評論社，1949年。

厚生省五十年史編集委員会編『厚生省五十年史　記述篇第一巻』厚生問題研究会，1988年。

池田敬正『社会福祉の展望』法律文化社，1992年。

池田敬正『日本における社会福祉のあゆみ』法律文化社，1994年。

池田敬正『日本社会福祉史』法律文化社，1994年。

吉田久一『吉田久一著作集2　日本貧困史　改訂版』川島書店，1993年。
吉田久一『吉田久一著作集3　現代社会事業史研究　改訂増補版』川島書店，1990年。

# 第2章　戦後日本における高齢者福祉政策

## 1　第二次世界大戦終結と社会福祉定礎期

1945（昭和20）年８月，第二次世界大戦終結を迎えることになったが，戦時中の国内情勢の変化とともに，戦争に伴う国家的保護を必要とする者への救済政策が制定された。しかし，いずれも断片的な救済策として機能しており，総合的な見地から社会福祉に関する法整備を講じる必要があった。

戦後ただちに日本は連合国軍最高司令部（GHQ）の指示を受け，これら社会的救済に関する法律の整備に乗り出すようになった。1946（昭和21）年「生活保護法」（旧），1947（昭和22）年「児童福祉法」，1949（昭和24）年「身体障害者福祉法」の三法が制定された。これら法律制定当時は高齢者に限定した法整備はなされなかった。

その後，旧生活保護法から国民の権利性を認めた法改正がなされ，1950（昭和25）年に新「生活保護法」が制定されたのである。その改正の大きな特徴は，日本国憲法第25条による生存権規定を具体化する法律として制定され，社会福祉が国家責任に基づく分野であることの認識を広めるものであった。つまり，福祉三法体制が確立し国家規模での総合的社会福祉の確立を目指すものであった。新「生活保護法」は国民に不服申立の権利を認めるとともに，旧法が「保護施設」として一括規定していた施設も整理され，高齢者を対象とした保護施設である「養老施設」が（新）生活保護法第38条に規定されるようになった。

また，この規定は高齢者福祉が国家責任の認識として，養老施設を措置体系に基づく運営保障へと変化させることとなった。しかし，当時の養老事業も生活保護法の規定に基づく保護施設である性格から，厳しい資産調査を行い生活困窮など特定の高齢者のみを対象としていた点では，総合的な高齢者支援の枠組みを確立したとは言い難い状況であった。その後，日本は戦後復興の足場を固め経済発展の道を歩むようになるが，それと同時に就業構造の変化，家族制度の崩壊，都市への人口集中，人口の高齢化などの現象が加速し，それに伴う生活問題が多発するようになる。

この時期，国民全体に広く適用する社会保障制度整備の一貫で，1958（昭和33）年「国民健康保険法」が制定され，翌1959（昭和34）年には「国民年金法」が制定された。一般労働者および高齢者層を包括する国民皆保険，皆年金制度が確立したのであった。これらの法律制定は，高齢期の疾病や経済的脆弱性からの脱却を目指したものとしてこの時ようやく成立を見るのである。実に，明治期の福本誠議員が提出した「養老法案」（1912年）の廃案から約半世紀を経て成立したのである。

## 2　老人福祉法の制定と基盤整備

### 1　1960年代の社会的背景

1960（昭和35）年，当時の池田内閣が掲げた「所得倍増」計画は，1970（昭和45）年までにその目標を大きく上回り，実質国民所得は3倍になった。これら，経済拡大とともに経済優先の国家政策による社会問題も多発する時期である。

この時期には未曾有の経済成長に後押しされるがごとく，福祉政策に関係するさまざまな市民的活動も活発になってきた。特に，産業の生産拡大による環境汚染問題や，都市への急速な人口集中に伴う過密問題など，市民生活に深く関わる問題が一般社会に大きな社会問題としてクローズアップされるのもこのころである。

また，産業構造の変化，核家族化，高齢化などの社会的変化が加速され，高齢者を取り巻く社会問題意識が国民一般に広がった。そのため各地方自治体による独自の取り組みが活発になるのである。

この時期の特徴として，第一に急速な経済成長を日本が果たしたこと，第二に経済成長の負の遺産としての環境汚染問題・人口集中現象など，市民生活に直接関係する問題が深刻な状況を迎えていたこと，第三にこれら社会問題に対応すべく「市民運動」が活発になり，各地方自治体での社会福祉要求が活発になり，そして地方自治体ごとの取り組みがなされてきたこと，第四にこれら経済成長を前提とした社会福祉・社会保障全体の枠組みが構築されてきたことなどが挙げられる。

これらの社会状況を背景としながら，どのような高齢者福祉政策が採られてきたのかについて触れることとする。

1960年代当初，従来の生活保護法の枠組みで運営されていた「養老施設」は所得制限などが課せられていたため，入所対象とならない高齢者への支援が求められていた。そのため1961（昭和36）年に「軽費老人ホーム」の設置が「社会福祉事業法」に基づく施設として成立し，翌1962（昭和37）年には特別養護老人ホーム，老人家庭奉仕員，老人福祉センターなどの施策が国の行う事業として制定された。

当時の日本社会は高齢者福祉への注目が高まり，また各都道府県においても革新自治体が政令指定都市を中心に相次いで登場し，社会福祉に関する施策の取り組みが府県ごとに活発になる時期であった。しかし，この時期はさまざまな高齢者施策が登場したが，個々の施策が断片的に現れたこともあり，これらの施策を総合的に整備する必要に迫られていたといえる。

## 2　老人福祉法の制定

この時期と，活発化する新しい高齢者施策の総合的整備の必要性から，1963（昭和38）年に「老人福祉法」が制定した。

また1964（昭和39）年には，中央社会福祉審議会老人福祉専門分科会が「老人福祉施策の推進に関する意見」を発表し，そのなかで，国民年金の給付額の引き上げ，老人の医療保障の充実，居宅老人に対するサービスの充実と老人福祉施設の整備の促進などを，当面の政府が取り組むべき老人福祉政策として位置づけ，上記の内容整備に着手することを指摘したのである。その結果，1966（昭和41）年「養護老人ホーム及び特別養護老人ホームの設備及び運営に関する基準」を制定し，施設運営に関わる基盤整備が整うこととなる。

ここで，老人福祉法の内容を紹介しておきたい。

現行の老人福祉法は，第１条において「この法律は，老人の福祉に関する原理を明らかにするとともに，老人に対し，その心身の健康の保持及び生活の安定のために必要な措置を講じ，もつて老人の福祉を図ることを目的とする」としており，他の条文中でも65歳という年齢がたびたび言及される。しかし，当時の老人福祉法では年齢に関する規定がなく，何歳から老人なのかの基準がなかった。今日では，国際的にも65歳以上を高齢者として様々な統計がとられているが，当時は保護が必要な高齢者全般を老人福祉法で対応するという意味合いが強かったことを付記しておく。この老人福祉法第１条においてその基本理念を明記し，実質的な基本法として位置づいている。

同法第２条では「老人は，多年にわたり社会の進展に寄与してきた者として，かつ，豊富な知識と経験を有する者として敬愛されるとともに，生きがいを持てる健全で安らかな生活を保障されるものとする」とその基本理念を示している。ここで，わが国の老人福祉法が「社会の進展に寄与してきた者」を前提としている点が法の性格を表している。この第２条は，明治期の法学者である穂積陳重が検討をしていた，高齢者への社会権を認めた「生存権」を理念とする考えと，「報酬主義」という理念を前提とした法整備との考えが根底にある。老人福祉法には明確に「報酬主義」が採用されており，権利性という側面を第２条では採用していない。このことは，同法制定当時の日本社会にはまだ，親族扶養の価値観や「家族制度」の考えなどが一部残っており，その日本的特質を残存させたと考えられる。

この法規定の前提には，当時の社会的思想が根底にあったといえるが，従来の貧窮的な老人施策のみではなく，広く社会システムのなかで老人問題に対処し，これを福祉政策のなかに組み入れていくためには，上記の条文が必要であったと考えられる。

また第３条では「老人は，老齢に伴つて生ずる心身の変化を自覚して，常に心身の健康を保持し，又は，その知識と経験を活用して，社会的活動に参加するように努めるものとする」「老人は，その希望と能力とに応じ，適当な仕事に従事する機会その他社会的活動に参加する機会を与えられるものとする」との基本理念が掲げられている。

第4条でこれらの基本理念は「国及び地方公共団体は，老人の福祉に関係のある施策を講ずるに当たつては，その施策を通じて，前二条に規定する基本的理念が具現されるように配慮しなければならない」と定め，国及び地方公共団体の責務を明記しており，健康で生きがいをもって生活が営めるよう公的責務が定められている。

## 3　寝たきり老人問題と高齢化社会

厚生省における基盤整備とともに，その政策的変遷に大きな影響を与えた全国規模の「高齢者の実態調査」が行われた。この調査は1968（昭和43）年に全国社会福祉協議会が「寝たきり老人実態調査」を全国民生委員協議会の協力を得て老年福祉年金の全受給者（70歳以上人口の80％，約300万人を対象）に民生委員による個別面接調査を行いまとめたものであった。この調査結果では調査対象の約300万人に対して，寝たきり状態の高齢者が19万1352人（男41％，女59％）という結果が示され，ヨーロッパにおける状況の約2倍の寝たきり率であったということが，社会的関心をさらに高めることとなる。

この調査から，当時多くの高齢者が抱えていた問題を読み取ることができ，特に寝たきりの高齢者数と，高齢者の医療問題は現実に多くの問題を抱えており，高齢者への総合的支援を求める国民の意識も高まっていった。

また，人口問題の視点からわが国の高齢化社会への移行速度が諸外国と比較して極端に短いことが判明した。先進国では同じように高齢化の現象が認められるが，わが国は全人口の65歳以上が占める割合が7％からその倍の14％に至る年数が24年しか残されていなかったのである。

これらのことから1970（昭和45）年9月高齢者福祉施設に関して，同年11月25日に中央社会福祉審議会は「老人問題に関する総合的諸施策について」および「社会福祉施設の緊急整備について」と題する答申を発表し，翌年厚生省は「社会福祉施設緊急整備五カ年計画」を策定した。

この計画により老人ホームの設置が増え，同時に老人ホームの近代化に向けての検討が進められた。1972（昭和47）年同審議会老人福祉専門分科会が「老人ホームのあり方」に関する中間意見をまとめ，老人ホームを「収容の場」から「生活の場」へと高めるための運営整備を促すことを提言し，それまで劣悪と評されていた老人ホーム内の労働条件の改善や職員配置基準など労働環境の整備も進められるようになった。

また高齢者の医療問題に関し，秋田県や東京都が先駆けて採用した「老人医療費の公費負担制度」が全国の府県に広がり，厚生省は「老人医療費支給制度」いわゆる老人医療費無料化制度導入を検討，1972（昭和47）年に「老人福祉法の一部を改正する」法案を国会に提出，可決し翌年より施行することとなった。

## 3　福祉見直し論と老人福祉政策

1970年代は，社会保障・社会福祉関連の施策拡充がある意味頂点に達する時期であり，それと同時にオイルショックに伴う経済不況と，「福祉見直し論」が活発に議論される時期でもある。1960年代初頭より，社会福祉・社会保障の基盤整備を続けてきたなかで，1972（昭和47）年と1973（昭和48）年は，福祉拡充政策を掲げ社会福祉・社会保障の拡大整備の時期を迎える。

この時期，在宅高齢者に対する施策も拡大され，1971（昭和46）年には介護人派遣事業の開始，在宅老人機能回復訓練事業の開始，日常生活用具給付事業の給付品目拡大などがなされた。また新たな制度導入として，児童福祉手当制度，老人医療費無料化制度，高額療養費制度，医療・年金改革による給付率の引き上げなど，制度および各種事業においても質的・量的拡大がなされた時期であった。

政策的には，老人医療費無料化制度が導入された1973（昭和48）年が「福祉元年」として政策認知された年であるが，「福祉元年」と同年10月に中東地域で第４次中東戦争が勃発した。中東からの石油輸入に依存していた日本は，石油価格の急激な暴騰による急速なインフレにみまわれ，異常な物価上昇が日本経済にも深刻な打撃と不況をもたらすようになる。この結果，国民間の所得格差が深刻な状況を迎え，所得分配の不公平さを是正する必要に迫られたのである。

これらの社会状況に対応すべく，同年11月９日社会保障制度審議会は「当面する社会保障の危機回避のための建議」を行い，社会保障制度のもつ所得再分配機能を強化する必要性を指摘し，同時に国民生活審議会総合部会は「物価上昇下の分配等の歪み是正策について」と題する中間報告を発表し，低所得層に対する社会的不公平の是正を提言した。これらの提言を受けて，政府は各種社会保障給付の拡充を強化することとし，生活保護費，老齢福祉年金，児童扶養手当，また，社会福祉施設の整備費などの給付金額を増額した。

このように，未曾有のインフレに伴う所得間格差を是正するために，政府は毎年社会保障給付費の増加を予算に組み込み，社会保障の強化を推進してきたが，やがて日本経済も次第に衰退の兆候を見せ始め，1974（昭和49）年には，実質経済成長率が戦後初めてマイナス成長となり，同年国の歳入不足は３兆4800億円となり，翌年特例赤字国債を発行する事態となった。

これら，わが国の経済不況は欧米諸国における経済活動にも影響を与える結果となり，欧米諸国からも積極的な経済政策を採用するように強く求められるようになった。これらの動きから，拡大してきた社会保障給付と経済成長の調整を図る声が上がってきたのである。特に，老人医療無料化制度は当時の病院が「老人のサロン」といわれるまで，不必要な投薬治療や，治療を目的としない高齢者の通院などをもたらしたとして，経済不況下の批判が社会保障制度全体に広がっていったのである。1975（昭和50）年はこれらの社会状況から，「福祉見直し論」と呼ばれる論争が委員会報告，雑誌論文を含めて盛んになされるようになった。この状況は，財政問題を強調するものと，現行の福祉システムが将来の複雑な問題を扱える体制を備えているかどうかを懸念する２つの疑問を投げかけたものであった。いずれにしても高齢者福祉政策を支え，その拡大を採り続けてきた状況にブレーキがかかったことは間違いない。

1975（昭和50）年７月経済企画庁の「社会福祉の完遂と低成長下でのその負担」と題する報告，後の大蔵省の諮問委員会である「財政制度審議会」では同年12月「社会保障についての報告」を発表し，「受益者負担原則」と「効率的社会保障制度の再編」を主張する報告をまとめた。また同年８月12日厚生大臣の私的諮問機関である「社会保障長期計画懇談会」は「今後の社会保障の在り方について」と題する意見書を提出し，そのなかで人口の高齢化が，今後の社会・経済に重大な影響を与えることを指摘しながら，今後総合的・合理的な社会保障施策を講じる必要性を強調した。同年度版の厚生白書にも「人口変動」「低成長」「財政圧迫」「負担の不公正」「断片的で重複する施策」などの反省が盛り込まれており，この時期の社会保障制度全体に対する諸問題が高齢化社会の到来に伴う国家財政のあり方から，「効率」と「合理化」といった内容へと変化していったのである。また，注目すべきはそれまでの「老人問題」が「高齢化社会問題」へと移行しており，日本の人口構造の急速な高齢化と，社会保障構造・高齢者施策のあり方が国家財政との関連で議論・検討されるようになることである。

**参考文献**

厚生省五十年史編集委員会編『厚生省五十年史　記述篇第一巻』厚生問題研究会，1988年。

全国社会福祉協議会老人福祉施設協議会編『老人福祉施設協議会五十年史』全国社会福祉協議会，1984年。

岡本多喜子『老人福祉法の制定』誠信書房，1993年。

佐口卓・森幹郎・三浦文夫『老人はどこで死ぬか――老人福祉の課題』至誠堂，1970年。

河畠修『高齢者の現代史――21世紀・新しい姿へ』明石書店，2001年。

# 第3章　福祉政策の転換と福祉社会

## 1　高齢化社会問題と日本型福祉社会論

1970年代までの社会福祉・社会保障の拡大路線から，オイルショックを契機とした「福祉見直し論」が活発に議論され，経済の低成長時代における福祉のあり方が政策的に検討されるようになる。1979（昭和54）年８月の国会審議にて閣議決定した「新経済社会７カ年計画」では，来るべき高齢化社会と日本が目指すべき社会のあり方に関して次のように宣言した。「個人の自助努力と家庭や近隣・地域社会等の連帯を基礎としつつ，効率のよい政府が適正な公的福祉を重点的に保障するという自由経済社会の持つ創造的活力を原動力とした我が国独自の道を選択創出する，いわば日本型ともいうべき新しい福祉社会の実現を目指す[(1)]」としており，「日本型福祉社会」という考え方が発表された。つまり，欧米先進国の「個人主義」と「公的部門の拡大」「高福祉高負担」「家族の崩壊」といった，マイナス面を強調し，欧米型の社会構造への否定と，日本古来の美風，つまり家族等による相互扶助機能を基本とした社会を目指すべきであるとの主張を行ったのであった。また同年度版の厚生白書にも，「家族」の果たす機能を「福祉の含み資産」として評価し，「日本型福祉社会」という枠組みのなかで高齢者問題を家族機能に代替させる方向を示したのである。

この政府の掲げる「日本型福祉社会」とは，家族介護を前提とした社会構造を強化するものであった。しかし，この家族とは主に専業主婦などによる無報酬の介護労働を前提としていることに注視しなければならない。男性は主に企業戦士として仕事中心の生活をし，それを支える内助の功として専業主婦の存在があった。しかし，高齢者の介護問題を無報酬の女性の手に委ねることを前提とした政策は，女性が「家事」「育児」「介護」労働を無報酬で担うことを前提とした考えであり，日本型とはこの「女性」の手による無報酬の労働に依存することを意味することであった。男性は「仕事」，女性は「家事」「育児」「介護」労働という構図は単に性別の違いのみで，家族内または社会的にその役割分担が決められているかのごとく政策的に位置づけたものであり，女性の社会進出やキャリアアップなどを否定した考えである。しかも，そのことを当時の厚生省も「福祉の含み資産」と評価し，家族機能の強化策を通じて，高齢者施設や社会サービスの整備を免れるという考えであった。現代では，男女平等の考えが定着し，単に性別によって自己実現を阻害される社会状況を是正しようとする模索がなされている。

高橋（2021）は，日本の産業構造を例にしてジェンダーの問題を次のように整理している。「高度経済成長期に形成された日本型雇用システムの特色は，第１に男性優位の就業構造をもち，男性を基幹的労働者，女性を補助・雑用を担当する周辺労働者と位置づけていることである。第２は，女性を家庭に位置づけ，労働力再生産を担当させていることである。第３は女性を低賃金・不安定雇用者として位置づけていることである。以上の３点は，性別役割分業を基調とした経営効率化政策に由来している[(2)]」としており，これらの脈絡からも「日本型福祉社会論」がジェンダー研究者をはじめ，マスコミや一般女性からも介護政策を女性に押しつけるとして，大きな社会的批判を受けることとなった。

このようにして，「日本型福祉社会論」は国民から大きな批判を受け，社会的な問題として高齢者政策に取り組む必要に迫られることとなる。

## 2　第二次臨時行政調査会と民間活力導入

このような政策転換のなか，1979（昭和54）年11月には中央社会福祉審議会が「養護老人ホーム及び特別養護老人ホームに係る費用徴収基準の当面の改善について」という意見具申を行い，以後老人ホームの費用徴収基準が所得税方式から年金収入基準へ転換され，「応能負担」による自立意識の醸成や，負担能力に応じた費用徴収を行うことが決定した。また，老齢福祉年金の給付を世帯単位とする変更，翌年には厚生年金保険制度の支給開始年齢を60歳から65歳に引き上げることが決定するなど，制度の引き締め策が行われるようになった。

さらに政府は，1980（昭和55）年9月8日行政管理委員会の委員意見にて「1980年以降を展望した行政改革の中期的構想樹立の緊要性と，そのための臨時的な検討立案機構の設置の必要性」を指摘し，これを受けて「臨時行政調査会」が設置され，わが国の社会経済が高度成長から安定成長に移行するという時代の大きな変化に対応した行政体制の改善を検討することとなった。

この臨時行政調査会（以下，第二臨調）の発足により，わが国の高齢者福祉政策は大きな転換を余儀なくされるのであるが，これら調査会の役割は経済成長に後押しされながら拡大路線を継続してきた福祉分野に一定の歯止めをかけながら，経済成長を大前提とした社会保障・社会福祉分野の国家負担軽減を問題なく実行するためのものであった。第二臨調の答申の内容を以下に挙げておく。

1981（昭和56）年第二臨調の第一次答申では「民間の創造的活力を生かし，適正な経済成長を確保しつつ，個人の自立・自助の精神に立脚した家庭や近隣・職場や地域社会での連帯を基礎としつつ，効率の良い政府が適正な負担の下で福祉の充実を図るべき」とされた。また，1982（昭和57）年の第三次答申では「活力ある福祉社会は，自立・互助，民間の活力を基本とし，適度な経済成長の下で各人が適切な就業の場を確保するとともに，雇用，健康及び老後の不安等に対する基盤的な保障が確保された社会」とし，1983（昭和58）年の最終答申では「活力ある福祉社会」は「国民のため真に必要な施策は確保しつつ，同時に自由な活力を十分に保障する最小限のものでなければならない。活力ある福祉社会は，自立・自助を原則とする国民の活力と創意を基礎としてこそ存立し得るものである」との最終答申を総理大臣に提出した。

これらの答申を最大限尊重することとしていた政府は，その内容に依拠した改革を行うようになる。これら答申の特徴として「自由経済体制」における，経済成長を維持させることを前提とし，国家負担の軽減を図る目的から民間活力の導入を主張している。そして，各答申の過程で「日本型」という言葉を削除し「活力ある福祉社会」という言葉に置き換え，国家的取り組みから個人や家庭といったレベルでの問題へと変化させている。そして，国民に「自立・自助」原則を強調し，最終答申を終えている。

この第二臨調における答申を受けて，社会保障・社会福祉の再編政策へ向けての検討が本格化するが，1986（昭和61）年厚生省高齢対策企画推進本部により「長寿社会対策大綱」が報告され，最終総括として「長寿・福祉社会を実現するための施策の基本的考え方と目標について」（社会保障ビジョン）が発表されたのである。この「社会保障ビジョン」の要点は，(1)年金制度の「一元化」と医療保険の「一元化」，(2)医療・福祉サービス供給体制の縮小・再編＝「民間活力導入」，(3)保健医療・福祉関連産業の成長促進に要約され[(3)]，年金の支給開始年齢の引き上げや医療保険の一部負担の見直し，また消費税導入と関連した政策として改革が進められることとなる。

このように，1980年代から変化してきた政策は，国民に対して「自由経済体制」の国際競争のなかでいかに勝ち抜く社会をつくるべきか，という経済政策と福祉政策の関係性を強調している。特に国家的負担が増大することが予想される高齢者福祉分野に関連して，「自立・自助」「民間活力」を導入した福祉社会論を展開するようになる。そして，今後の日本の社会構造を公的責任一元的論から，民間を含めた多様な主体を取り入れる方向に転換することを示唆したものであったといえる。

次節では，1980年代の政策的変化は日本に限定した特徴ではなく，先進国のなかでも「福祉国家の危機」説が主張され始めた時期と重なっており，このような世界的変化への考察と，日本に及ぼした影響を述べることとする。

## 3　福祉社会論への世界的動向

前述したように，1980年代における政策的特徴は，福祉に関する国家的負担と国民に対する福祉のバランスをいかにすべきか，といった点が模索されていたといえる。しかし，このような現象は，日本のみの議論ではなく，「高齢化社会」への取り組みと国家財政への負担問題は先進国の共通した課題でもあった。それは，資本主義経済体制のなかでの国際競争の激化と，その競争に打ち勝つ国家的経済政策との関係のなかで，先進国間の社会保障・社会福祉の取り扱いが変化してきたことを意味するのである。つまり，経済競争における強化の重点はその国における資本蓄積に置かれ，その蓄積を停滞，阻害する要因として社会保障・社会福祉への国家負担が共通のテーマとなっていくのである。

1980年代においては，社会主義経済体制による国家と，資本主義経済体制による国家とのイデオロギーの対峙が存在していた時期であり，社会主義国からは資本主義経済体制における「階級格差」や「雇用問題」などの諸矛盾を指摘されていた。事実，資本主義経済体制は現代においても「貧困」などの問題から脱却できないなどの諸矛盾を内包しているが，この頃から経済システムのあり方が検討されてきたのである。その経済理論には自由放任の古典的な資本主義から，国家干渉を取り入れ自由主義経済の欠点を補正・修正する修正資本主義が取り入れられ，資本主義における諸矛盾の緩和を模索する取り組みがなされてきたのである。特に後者の国家干渉型経済システム理論としてケインズ理論が挙げられる。1930年代のアメリカは未曾有の経済恐慌にみまわれ，その対応策として「ニューディール政策」を進めた。この政策は，ケインズ理論をベースにし，世界に社会保障という概念を提起したのである。労働者の経済的・社会的生活を保障するため老齢年金や失業保険を制度化し，一方で，政府主導の公共事業などにより雇用の吸収と経済の活性化を促し，不況脱出を実現した。そして，当時の「福祉国家」といわれるものは，この修正資本主義がある一定の形式を変えてなされるもので，「福祉国家」に対する明確な理念や形態は，国によりまた地域によってその性格が異なっている。そうした当時の資本主義諸国において，共通する「福祉国家」に対する必要不可欠な要素が「完全雇用政策」と国民に健康で文化的な最低水準の生活を保障する広義の「社会保障制度」である。しかし，資本主義国家において，いかに社会保障・社会福祉そしてソーシャル・サービスを発展させたとしても「福祉国家」が福祉を国家目的に据え，それを第一のものとして前進させるという解釈はできない。そのことは，「福祉国家」という理念自体に明確なものがなく，歴史的な背景から見ても，「古典的な自由放任型の市場経済を否定して現れまた，戦時下においての全体主義イデオロギーに対抗して，自由主義と多元主義を守るという立場から現れた[(4)]」経緯があるからである。

このようにとらえた時，第二臨調で発表された「福祉社会」という表現が「福祉国家」といかなる違いがあり，またその言葉の意図するものがなんであるのかを考えなくてはいけない。

## 4　福祉国家の危機と高齢者福祉

「福祉国家の危機」説の出現は1970年代の世界的な経済危機が契機となったことはよく知られていることである。ここで問題なのは，この経済危機を契機として世界的に「福祉国家」から「福祉社会」への転換を政策目標に掲げ，経済的危機を乗り切る方法として，「福祉社会」への転換が必要になってきたということである。

イギリスにおいては，サッチャー首相が増大する社会保障・社会福祉の支出を減らし，財政危機を乗り切る大胆な構造改革を進めつつあり，また，アメリカにおいてもレーガン大統領が同じく社会保障に関連する財政支出を制限する政策を進めており，両者の基本路線はサッチャリズム・レーガノミクスと表現され，日本も大きな影響を受けていたといえる。そのような改革路線を断行する先進国を交え，1980年の OECD による「社会政策に関する会議」では「福祉国家」に対する社会学的観点と，経済学的観点からさまざまな検討がなされた。

この会議の目的が，「現代の工業化社会における今後一〇年間の政策形成を誘導することができるような，社会政策上の困難な問題に関する再構築に到達することの方が，より重要かつ困難な仕事[(5)]」とその会の意図を述べているように，いわば「福祉的財政支出の限界性」について検討するものであったといえる。このような世界会議に代表される世界経済の存続の観点から出た「福祉社会」論と，「福祉国家」の発展した形が必然的に「福祉社会」に移行すると主張する「福祉社会」論の相違点を述べる必要がある。

元ロンドン大学の W.A. ロブソン教授は「福祉国家は，議会が定め，政府が実行するものであり，福祉社会は，公衆の福祉に関わる諸問題に対して，人々が行い，感じ，そして考えるものである。この差異を理解できないことが，多くの争い，転轢，欲求不満の原因となっている。公共政策と社会の態度の間にはしばしば大きな裂け目があるからである。人々がその態度や行動に福祉国家の政策と前提とを一般的に反映するのでなければ，福祉国家の目的充足は不可能である[(6)]」と述べている。そして，スウェーデンのG. ミュルダール元教授は「諸組織がそれ自身の構成員によって効果的にコントロールされていない限り，国家が立法と行政の手段によって一層のチェックやコントロールを加えなければならないと感ずるような状況が生み出されることになる。そしてそのことは跳ね返って，国家を構成する社会における人々の生活の自発性をいっそう減退させる作用をするのである[(7)]」。これらの内容は，国家の統制が多くの場合国民の自発性を損ない，福祉目的の社会を構成する上で大きな障害となりうるということを指摘し，さらに住民主体となってより積極的な福祉社会を建設するべきであると主張している。つまり，「市民による自発的な社会づくり」が福祉国家の発展した形態であるとの認識であり，むしろ国家干渉を伴う依存型の体制は個々のニーズの多様化に応えることができにくいということを示唆している。

この両者の主張は，先進資本主義国のなかでも，特に社会保障の水準において比較的高い国においての思想であり，基本的に，OECDの会議で検討された目的とは「福祉社会」の形成に対する危機意識が異なる。ただ，「福祉国家」から「福祉社会」への転換論に対して，前者と後者の目指す「福祉社会」の形態に共通点がある。それは，国家主導による福祉政策について本質的な限界や幻滅を感じているということである。いずれも国家は，個人・家庭・地域の自助のための条件を保護することを旨とするような形にできる限り近づくものとしており，前者の考え方も，地域社会の利他主義的な機能に対して今後の福祉社会を形成するにあたり大きな期待を寄せている。両者が共通して注目する点は，地域や家庭などの潜在的な機能に対する開拓であり，根本的な相違点は，先進資本主義国家の新しい経済対策として機能するのか，または，国民に幸福感を与える社会を創建できるかといった目的意識の違いであるといえる。

以上のように，日本においても世界的な動向と期を同じくし，第二臨調において用いられた「福祉社会」という社会像は政策展開過程における流れから社会保障・社会福祉の国家負担のあり方を強く意味するものであるといえる。このことは，1990年代以降の政策変遷とその特徴を分析することによって理解できるといえる。

### 注

(1)「『新経済社会７カ年計画』について」(昭和54年８月10日閣議決定)：https://www.ipss.go.jp/publication/j/shiryou/no.13/data/shiryou/souron/８.pdf（2023年３月31日現在)。

(2) 高橋保「性別役割分業論」『創価法学』第51巻第１号，2021年，pp.37-38。

(3) 事典刊行委員会編『社会保障・社会福祉事典』労働旬報社，1989年，p.506。

(4) 正村公宏『福祉社会論』創文社，1989年，p.30。

(5) OECD 編『福祉国家の危機』厚生省政策課調査室，1980年，p.25。

(6) W.A. ロブソン／辻清明・星野信也訳『福祉国家と福祉社会』東京大学出版会，1980年，p.２。

(7) 正村公宏，前掲書，p.17。

### 参考文献

厚生省五十年史編集委員会『厚生省五十年史　記述篇第二巻』厚生問題研究会，1988年。

正村公宏『福祉社会論』創文社，1989年。

W. A. ロブソン／辻清明・星野信也訳『福祉国家と福祉社会』東京大学出版会，1980年。

ジョン・C. キャンベル／三浦文夫・坂田周一監訳『日本政府と高齢化社会』中央法規出版，1995年。

# 第4章　高齢者福祉政策の発展

## 1　高齢社会と高齢者保健福祉推進十カ年戦略

1970年代から1980年代にかけて，日本はオイルショックによる経済成長の鈍化から，国家財政に占める福祉関連予算も改正を続けてきた。また，1990年代初頭から日本は他国とは比較にならないほど急速なスピードで高齢化が進展していることがさまざまな調査で明らかになってきた。

1956（昭和31）年国際連合の報告書「The Aging of Population and its Economic and Social Implications（人口の高齢化とその経済的・社会的影響）」によると，老年人口（65歳以上人口）比率が４％未満の国を「若い人口」，４％以上７％未満を「成熟した人口」，７％以上を「高齢化した人口」，老年人口比率が７％を超えてなお比率の増加が見られる社会を高齢化社会（aging society），老年人口比率の増加が収まり不変になった社会は高齢社会（aged society）と定義づけた。

**表4－1**で示されている，「人口高齢化速度の国際比較」は先進５か国との比較を表したものである。日本では国連が定めた老年人口比率が７％に突入し，なおかつその倍となる14％に達するまでの所要年数が24年しかないことが判明した。その他の諸外国では，約半世紀以上かけて７％から14％に達する速度であったため高齢者サービスに対応した社会構造を構築するゆとりがあったが，日本は世界に類を見ないスピードで高齢化が進展し，なおかつその後も継続的に総人口に占める老年人口が増加に転じることが判明したのである。

また，2050年までの高齢化の推計ではイタリアが世界で１位の高齢化社会となり，次いで日本が高齢化社会となることが予想された。

人口動態で分析しても明らかなように，高齢者人口を支える生産年齢人口が急速に減少し続けていることが日本の深刻さをより一層際立たせることとな

表4－1　人口高齢化速度の国際比較

| 国　名 | 65歳以上人口比率の到達年次 | | 所要年数 |
|---|---|---|---|
| | 7% | 14% | |
| 日本 | 1970年 | 1994年 | 24年 |
| アメリカ | 1942 | 2013 | 71 |
| イギリス | 1929 | 1976 | 47 |
| ドイツ | 1932 | 1972 | 40 |
| フランス | 1864 | 1979 | 115 |
| スウェーデン | 1887 | 1972 | 85 |

資料：総務庁（現　総務省）統計局「国勢調査」
国立社会保障・人口問題研究所「日本の将来推計人口」（平成9年1月推計）（中位推計）
UN, *The Sex and Age Distribution of World Population*, 1998による各年央推計人口に基づく。
出所：『老人福祉のてびき　平成12年度版』長寿社会開発センター。

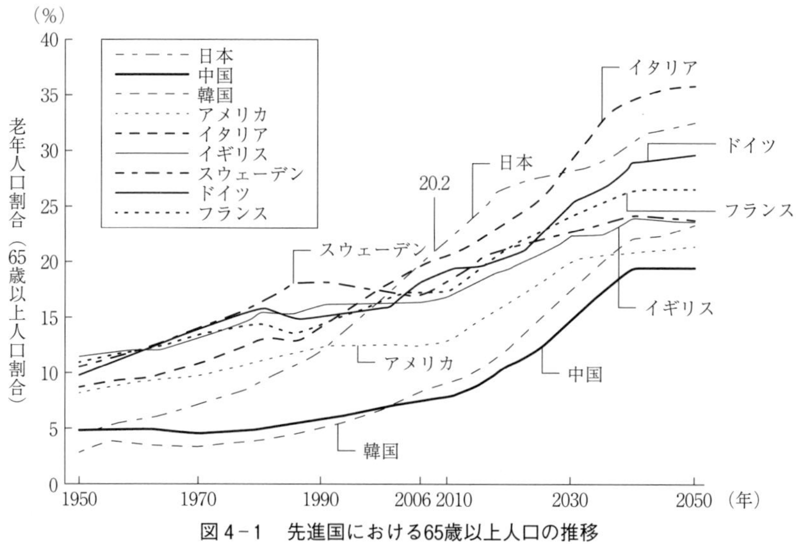


図4－1　先進国における65歳以上人口の推移

注：ドイツは統一ドイツベース。
資料：日本は，総務庁「国勢調査」及び国立社会保障・人口問題研究所「日本の将来推計人口（平成9年1月推計（中位推計）」諸外国は，UN, *World Population Prospects*, 1996による。
出所：読売新聞社編集局解説部編『超高齢化時代』日本医療企画，1997年。

る。

しかし，一方で他国に見られないスピードで高齢社会へ突入することへの危機感から，高齢社会に適した税制度の改革を行うという理由で，1989（平成元）年4月消費税（大型間接税，当時3％）が導入された。この大型間接税は子どもからお年寄りまですべての国民から広く浅く税を徴収する仕組みであり，低所得層への税負担と高所得層への税負担への不満感から，マスコミを含め多くの国民が実質的な増税政策であると批判的であった。しかし，当時の国会で消費税導入が強行採決され今日に至っている。当時の政府は「来るべき高齢化社会への必要な税制改革」として国民に理解を求めたが，翌年の総選挙で当時与党であった自民党は大敗することとなる。

また，図4－2を見るとわが国は高齢化とともに少子化という現象にみまわれている。「生産年齢人口（18歳から64歳までの人口）」が相対的に脆弱になり，社会保障や税制度などの支え手が減少することが予想されていたのだが，少子化対策よりも高齢化社会への移行を優先させ，人口問題としての社会構造の抜本的対策を放置してきた側面もある。しかし，当時としては一刻も早い高齢化社会への対応と税制構造の転換が急がれたのである。

また，図4－2からはわが国の特徴として高齢化とともに「少子化」が急速に進んでいることもわかる。1989（平成元）年の合計特殊出生率（一人の女性が生涯で出産する子どもの数）が1.57になりその後もこの傾向が続くと予想された。

また一方で1980年代後半からの経済成長（バブル経済期）などを背景に，高齢者を対象とした施設増設などの社会的資本整備に関する国家的取り組みが必要であると認識されてきた。これらの状況から，中央社会福祉審議会をはじめとする福祉関連3審議会による合同企画分科会によって，1989（平成元）年3月「今後の社会福祉のあり方について」という意見具申が公表された。その理念は「国民の福祉需要に的確に応え，人生80年時代にふさわしい長寿・福祉社会を実現するためには，福祉サービスの一層の質的量的拡充を図るとともに，ノーマライゼーションの理念の浸透，福祉サービスの一般化・普遍化・施策の総合化・体系化の促進，サービス利用者の選択の幅の拡大等の観点に留意しつつ，次のような基本的考え方に沿って，新たな社会福祉の展開を図ることが重

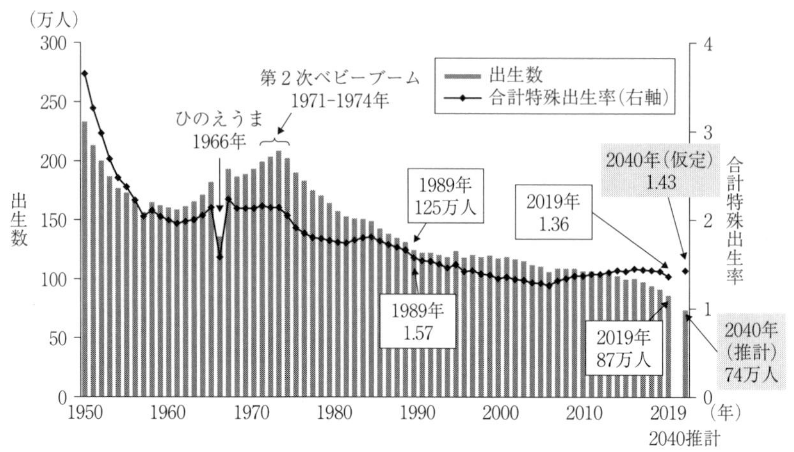


**図４－２　出生数，合計特殊出生率の推移**

資料：2019年までは厚生労働省政策統括官付参事官付人口動態・保健社会統計室「人口動態統計」（2019年は概数），2040年の出生数は国立社会保障・人口問題研究所「日本の将来推計人口（平成29年推計）」における出生中位・死亡中位仮定による推計値。
出所：『令和２年版厚生労働白書』p.９。

要である」とし，⑴住民に最も身近な行政主体である市町村の役割の重視，⑵公的住宅福祉サービス等についてその供給主体を積極的に拡充を図る観点からの社会福祉事業の範囲の見直し，⑶民間事業者，ボランティア団体等の多様な福祉サービス供給主体の育成，⑷地域において福祉，保健，医療の各種のサービスが有機的連携をとりながら提供されるような体制の整備等[(1)]を指摘し，基本的改革の方向性を示した。そして同年12月に大蔵大臣・自治大臣・厚生大臣（現厚生労働大臣）の合意により「高齢者保健福祉推進十カ年戦略」（通称ゴールドプラン）が策定され，高齢者の保健福祉を計画的に整備していくことが決定した。また，その整備目標を達成するための総事業費を約６兆円強[(2)]としたのである。

このように，福祉関連予算の見直しが進められながら消費税導入と経済好況を背景に，高齢者福祉に関する基盤整備を計画的に進める高齢者福祉政策が大規模に行われることとなる。そして，ゴールドプランの策定に関して，21世紀を目前に高齢社会への基盤整備のための施設数の増設，在宅福祉の強化，福祉人材の養成など具体的数値目標を掲げながら必要な予算措置を伴うものとして進められた。このような，政策目標は来るべき高齢社会への対応策としての側面，経済好況期における政策，そして消費税導入後の政策与党の大敗による教訓といった政治的判断などから実現した政策であった。

また，1990（平成2）年6月には，上記意見具申およびゴールドプランをより実体的なものとするため，「老人福祉法等の一部を改正する法律」（通称福祉関係八法改正）が制定された。この改正の趣旨として「21世紀の本格的な高齢化社会の到来に対応し，住民に最も身近な市町村で，在宅福祉サービスと施設福祉サービスがきめ細かく一元的かつ計画的に提供される体制づくりを進めるため[(3)]」とし，改正の要点を4つ示した。(1)在宅福祉サービスの積極的推進，(2)在宅福祉サービスと施設福祉サービスの市町村への一元化，(3)市町村および都道府県老人保健福祉計画の策定，(4)障害者関係施設の範囲の拡大等を要点とし，在宅福祉政策を推進するために住民に最も身近な市町村レベルでの施設入所措置権限の委譲と，老人保健福祉計画の策定を目指したものであった。

このように，1990年初頭においては21世紀を迎える今世紀中にと，来るべき高齢社会への基盤整備と，在宅福祉への推進を柱とする政策展開が急速に進められた時期であった。特に在宅福祉政策に関しては，1980年代後半から盛んに議論されてきた「福祉社会」のあるべき姿を「在宅福祉」に求め，その推進を策定目標にも盛り込んだものとなっていた。しかし，国家負担の軽減策を「福祉の含み資産」と評価された家族介護を前提として構想された在宅福祉政策では，真の国民ニーズに応えるものでなかったのである。社会福祉研究者などからの指摘から，在宅福祉の実情が高齢の女性による介護負担に依存し，その状況が深刻な局面を迎えていたことが明らかになり，新たな整備強化を進める必要に迫られた。

また，福祉関係八法改正により1993（平成5）年までに全国の市町村は「地方老人保健福祉計画」の策定を義務づけられ，市町村ごとに調査・企画を厚生省に提出することとなった。この市町村からの計画に基づき1994（平成6）年3月「老人保健福祉計画」がとりまとめられた。しかし，全国から寄せられた調査・企画からゴールドプランの目標設定が実態にそぐわないことが明らかになり，1994（平成6）年12月18日3大臣の合意により「新・高齢者保健福祉推進十カ年戦略」（通称新ゴールドプラン）が策定され，総事業費を当初の約６兆円から約９兆円に増額し在宅福祉，施設福祉に関わる整備目標数値を見直したのである。

## 2　新たな高齢者介護システムと介護保険制度の創設

前述の新ゴールドプランの策定にあたって，1994（平成６）年３月に，厚生大臣の私的懇談会である「高齢社会福祉ビジョン懇談会」において「21世紀福祉ビジョン――少子・高齢社会に向けて」と題する報告を発表した。その内容は，少子・高齢化という人口構造の急速な変化と，女性の社会進出に伴う就業構造の変化，核家族化の進行など，家族介護を前提とした在宅福祉政策の一定の批判とともに，経済的には「バブル経済」が破綻し経済低成長期における中長期的な財源負担を含めた福祉政策への視点が盛り込まれたものであった。

この報告の特徴は，(1)新ゴールドプランの策定，(2)新介護システムの構築を提言したことであり，その前提となる理念は「『個人の自立を基盤とし，国民連帯でこれを支えるという『自立と相互扶助』の精神を具体化する」とし，自立原則に基づく連帯思想を基盤にした公民の役割を果たす，21世紀に向けた福祉政策への基本的方向性をまとめたものであった。

また，同年９月社会保障制度審議会社会保障将来像委員会が第二次報告を発表し，今後の少子高齢化社会への社会構造の変化と，財政構造のあり方，費用負担のあり方などを検討し，「社会保障制度の中でも高齢者・障害者の介護や育児などへの支援は，年金や医療に比べて著しく遅れており，今後の人口高齢化・少子化の中で，この分野での施策の充実に重点的に取り組むことが大切である[(4)]」とし，高齢者介護に関しては，一般国民からも「介護の社会化」を求める声が高まり，社会保険方式による「介護保障の確立」を目指す公的介護保険制度導入の必要性を指摘したのである。この，第二次報告により初めて社会保険方式による「介護保険制度」の創設が明言され，以降高齢者問題＝介護問題として政策的には展開するようになる。しかも，介護問題を解決していくための費用に関して，従来の措置制度による一般財源方式から，保険料拠出による介護保険構想が具体化していくのである。

これら，各委員会・検討会などの報告を受け，1995（平成7）年7月，社会保障制度審議会は「社会保障体制の再構築――安心して暮らせる21世紀の社会をめざして」と題する勧告を総理大臣に行った。この勧告のなかで高齢者介護保障に関して，社会保険方式による公的介護保険の導入を提言している。さらに同年11月参議院国民生活に関する調査会による「高齢社会対策基本法」が成立し「地域社会での自立と連帯の精神」を基本理念とする法律が成立し，同年12月から施行された。

また，介護保険法成立に向けた検討作業も同時に進められ，1994（平成6）年12月に21世紀福祉ビジョンを具体化するために発足した検討会「高齢者介護・自立支援システム研究会」により「新たな高齢者介護システムの構築を目指して」と題する報告を発表した。

この報告書には，当時の高齢者が医療制度，老人保健法，老人福祉法といった3つの制度によって保護されており，なおかつその利用者負担割合などの不整合性などから，総合的に整理する必要性があった。

この報告での基本理念は「高齢者の自己決定に基づく自立支援」であるとし，具体的には，(1)サービスの自己選択（自己決定），(2)サービス受給の権利性，(3)応能負担から応益負担を実現することを提言し，そのためには公費負担方式（税方式）から社会保険方式への採用が適切であるとまとめている。この報告を受け，厚生大臣の諮問機関である「老人保健福祉審議会」において1995（平成7）年2月から社会保険方式の介護保障制度への検討作業を重ね，厚生省が1996（平成8）年6月に「介護保険制度案大綱」をまとめた。さらに法案提出に向けた修正を行い，同年11月国会に提出し1年間の両院での審議の後，1997（平成9）年12月9日可決成立し，2000（平成12）年4月施行が決定したのである。

このように，1990年代は高齢社会への基盤整備とともに，第二臨調からの基本的継承点として「自立・自助」原則に基づく「福祉社会」実現へ向けた福祉政策の転換を図り，国家責任一元論から，「自立・自助・民間活力導入」といった流れへと移行するための基盤整備期であったといえる。また，一定の公的責任をゴールドプランで果たしながら，それ以降の財政構造改革（国民負担）

表４－２　施設利用料の比較（1994年当時）

| | 機　能 | 利用手続 | 利用者負担（平成６年度） |
|---|---|---|---|
| 特別養護老人ホーム | 介護 | 措置 | 月額０～24万円（平均約４万円） |
| 老人保健施設 | 療養・介護 | 直接契約 | 月額約６万円 |
| 老人病院 | 治療・療養 | 直接契約 | 月額2.1万円（他に食費1.8万円） |

注：特別養護老人ホームの場合は所得に応じて費用徴収が行われる。
出所：「新たな高齢者介護システムの構築を目指して」1994年，高齢者介護・自立支援システム研究会，p.78。

と公平性・効率性を可能ならしめる政策展開を，社会保険方式に基づく「介護保険制度」創設に求め，その整備が進められてきたのである。

## 3　介護保険制度の導入と社会福祉基礎構造改革

### 1　介護保険制度とゴールドプラン21

介護保険制度導入に際し，1999（平成11）年度中に，各地方公共団体が2000（平成12）年から2004（平成16）年までの５年間に必要な介護サービス量を要介護者の実態を把握しながら検討し介護保険事業計画を作成することとなり，新ゴールドプラン以降の計画を進めることとなった。その事業計画を基に1999（平成11）年12月に「今後５か年間の高齢者保健福祉施策の方向」（ゴールドプラン21）が策定され，翌年から施行されることとなった。そしてゴールドプラン21関係経費として施設整備関連に1331億円，その他介護予防・生活支援などの経費に1383億円を計上しその計画が進められることとなった。その基本的方向として，(1)健康で生きがいをもって社会参加できるよう，活力ある高齢者像の構築，(2)高齢者の自立した生活について尊厳をもって送ることができることおよび家族介護の支援が図られるよう介護サービスの質量の確保，(3)地域における支援体制の整備と，住民相互に支え合う地域社会づくり，(4)契約制度の移行による利用者本位の仕組みづくりと，介護サービスの信頼性の確保の４点が挙げられている。

また今後の具体的施策として，(1)介護サービス基盤の確保，(2)痴呆性（現認知症）高齢者支援対策の推進，(3)元気高齢者づくり対策，(4)地域支援体制の整備の4点がその施策目標として挙げられている。

## 2　社会福祉基礎構造改革と高齢者福祉

介護保険制度の導入が決定し，今後の高齢者福祉に関する国民負担のあり方は，租税方式から社会保険方式へ転換されることとなった。このことは，それまでの福祉サービス等に関する経費が「措置費」という国家財政の裏づけをもって進められてきた方式を否定し，実施主体のあり方を，国家主体一元論から民間企業を含めた多様な主体が取り組める方式へ転換したのである。しかし，社会福祉分野の保険方式によるサービス提供のあり方は，高齢者分野に限られるものではなく，介護保険制度導入に関する検討と同時に，「措置制度」全体を見直す方向で検討が進められてきたのである。

この検討作業の方針が示されたのは，1998（平成10）年6月17日に中央社会福祉審議会社会福祉構造改革分科会の「社会福祉基礎構造改革について（中間まとめ）」（以下，中間まとめ）である。ここでは，戦後50年間維持してきた社会福祉構造全体を抜本的に変革するための方向性が示されており，その骨子は「措置制度」から自己責任に基づく「契約制度」への移行としている。これら政策方針を理解しながら今後の高齢者福祉の動向を見つめる必要があるとはいえ，介護保険制度導入もこの改革の方向性と同一の特徴を持っていることを理解しなければならない。

この「中間まとめ」では改革の必要性として，(1)戦後直後に構築された社会福祉構造は，現代の少子高齢社会・低成長経済期にはそぐわない，(2)国民の「幸福」に対する価値観が多様化し，一元的な福祉サービスには限界がある，(3)今後「個人の自立」「選択の尊重」「サービスの効率化」を基本とする，などをその理由としている。また，その理念は，(1)国民の自己責任が基本となるが，自助努力のみでは自立できない場合，社会連帯の考えに基づく社会を構築，(2)家庭や地域社会で個人が尊厳をもって安心した生活が送れるよう自立支援を行う，(3)社会福祉の基礎は，相互扶助の精神であり，国民の努力で社会福祉を構築する必要性がある，(4)このような理念実現には，国および地方公共団体に社会福祉増進の責務があるとした。さらに，上記理念に即した改革の視点として，(1)対等な関係の確立，(2)地域での総合的な支援，(3)多様な主体の参入促進，(4)質と効率性の向上，(5)透明性の確保，(6)公平かつ公正な負担，(7)福祉の文化の創造といった７点を挙げた。

この，改革の基本的とらえ方として，日本が目指すべき「自己責任」「社会連帯」に基づく福祉社会の創造と，自己責任に伴うリスク社会へのセーフティーネット構築への視点が盛り込まれている。これら改革の理念を具体化するために，いくつかの規制緩和と，情報公開などの義務が盛り込まれており，その具体的な例として介護保険導入と同時に，「社会福祉事業法」の改正（社会福祉法に名称変更）による社会福祉事業の範囲拡大や，社会福祉法人の規制緩和がなされ，社会的セーフティーネットとして民法の一部改正による「成年後見制度」の創設がなされたのである。

このように，1963（昭和38）年の「老人福祉法」制定以降は実体的サービス提供主体が公的責任を前提として進められてきたが，「介護保険法」成立以降は，公的責任の範囲が「個人の自己責任」を前提とした「社会連帯」によって創造される福祉社会へ，基本的骨組みを構築することに重点が置かれ，具体的推進主体は国民の努力によって構築されるべきものとして現代に至っている。

注

(1)　財団法人厚生統計協会編『国民の福祉の動向』第38巻第12号，1991年，p.75。

(2)　昭和55年から平成元年までの総事業費規模は１兆7000億で，過去10年間の約３倍の事業費を予測して設定された。

(3)　厚生省社会局・大臣官房老人保健福祉部・児童家庭局監修『社会福祉八法改正のポイント』第一法規，1990年，p.４。

(4)　厚生省編『平成８年版　厚生白書』ぎょうせい，1996年，p.114。

参考文献

厚生省監修『厚生白書』平成３年～平成12年度版，ぎょうせい。

厚生統計協会編『国民の福祉の動向』第38巻第12号，1991年。
厚生統計協会編『国民の福祉の動向』第41巻第12号，1994年。
厚生省社会・援護局企画課監修『社会福祉基礎構造改革の実現に向けて（Ⅱ）』中央法規出版，1999年。

# 第5章　介護保険の法制度

## 1　介護保険法の成立

### 1　介護保険法成立の経緯

介護保険法は，本格的な高齢社会への移行に際して，財政的負担問題と，介護問題への具体的対策という2つの目的から創設されたのである。第二臨調からの基本路線である「自立・自助・民間活力導入」から1994（平成6）年3月の「21世紀福祉ビジョン」における「新たな介護保障システムの構築」への提言と，同年9月「社会保障将来像委員会第二次報告」における「高齢者介護に関しては，一般財源からの依存から，社会保険方式による『介護保障の確立』」が必要との発表，来るべき高齢化社会への財政構造および介護保障の視点から介護保険制度の創設が提言されたことがあった。また，基本理念を含めた検討を行った「高齢者介護・自立支援システム研究会」では同年12月に「高齢者の自己決定に基づく自立支援」を基本理念にし，「高齢者の自立支援と，社会保険方式による新たな仕組みの創設」を報告した。

これら，各審議会などの検討作業が同時期に進められ，1995（平成7）年7月「社会保障制度審議会」による勧告を受け「老人保健福祉審議会」による調整が行われ，1997（平成9）年12月9日，第141回臨時国会において介護保険法が可決成立し，2000（平成12）年4月1日施行が決定した。

### 2　法律創設の趣旨

法律創設の趣旨を簡潔にまとめると以下のようになる。

(1)　人口の高齢化と，家族機能の変化などによる介護問題の深刻化。

(2)　老人福祉制度と老人保健制度による重複・非効率な提供実態と，両制度間の利用手続き費用負担の不均衡から，効果的，効率的なシステム構築の必要性。

⑶　だれもが相当程度の確率で，要介護状態になる可能性があり（介護リスク），同時に介護サービス需要の増加が予想される。

⑷　これらの状況を改善するため，国民共同連帯の理念に基づく，社会全体で介護問題と向き合うため介護保険制度を創設する。

## 2　介護保険法の目的と理念

### 1　目　的

介護保険法第１条には，法の目的について述べられている。

　この法律は，加齢に伴って生じる心身の変化に起因する疾病等により要介護状態となり，入浴，排せつ，食事等の介護，機能訓練並びに看護及び療養上の管理その他の医療を要する者等について，これらの者が尊厳を保持し，その有する能力に応じ自立した日常生活を営むことができるよう，必要な保健医療サービス及び福祉サービスに係る給付を行うため，国民の共同連帯の理念に基づき介護保険制度を設け，その行う保険給付等に関して必要な事項を定め，もって国民の保健医療の向上及び福祉の増進を図ることを目的とする。

これは，次の４点にまとめることができる。

⑴　加齢に伴う心身機能の低下によって，要介護状態になった者を対象とする。

⑵　要介護状態の者の残存能力に応じた自立生活を営むことを目的とする。

⑶　自立生活に必要な保健福祉サービスを提供する。

⑷　サービス給付に関しては，介護保険制度を創設し保健，医療サービスの保険給付による。

## 2　基本理念

介護保険法第2条において基本理念が述べられている。

第1項「介護保険は，被保険者の要介護状態又は要支援状態（以下「要介護状態等」という。）に関し，必要な保険給付を行うものとする。」

第2項「前項の保険給付は，要介護状態等の軽減又は悪化の防止に資するよう行われるとともに，医療との連携に十分配慮して行われなければならない。」

第3項「第1項の保険給付は，被保険者の心身の状況，その置かれている環境等に応じて，被保険者の選択に基づき，適切な保健医療サービス及び福祉サービスが，多様な事業者又は施設から，総合的かつ効率的に提供されるよう配慮して行われなければならない。」

第4項「第1項の保険給付の内容及び水準は，被保険者が要介護状態となった場合においても，可能な限り，その居宅において，その有する能力に応じ自立した日常生活を営むことができるように配慮されなければならない。」

第2項では，要介護状態の者に対する軽減措置，予防措置を行うと同時に，予防的社会福祉の観点から，要介護状態となることが予想される者に対して必要なサービスを提供するとしている。さらに，そのために必要な介護サービス機関及び医学的サービス機関などと相互に連携を取りながら行い，上記の目的を達成するよう規定している。

第3項では，サービス利用者への「自己選択権」に基づきサービス提供を行うことを基本とし，個々のニーズに対応したサービス提供を行うために多様なサービス提供機関から総合的，効率的に実施することとしている。このサービス利用者への「自己決定権」は，民間事業者間の競争原理を促し，サービスの質の向上と，効率的運営が実現されるとされ，また，利用者の権利性を明確にするためにも「社会保険方式」による保険料拠出が適切であるとされている。さらに，サービス提供を総合的，効率的に実行するために「介護支援専門員」

（通称ケアマネジャー）を設置している。

介護支援専門員は同法第７条の５に規定され，「この法律において『介護支援専門員』とは，要介護者又は要支援者（以下「要介護者等」という。）からの相談に応じ，及び要介護者等がその心身の状況等に応じ適切な居宅サービス，地域密着型サービス，施設サービス，介護予防サービス若しくは地域密着型介護予防サービス又は特定介護予防・日常生活支援総合事業（第115条の45第１項第１号イに規定する第１号訪問事業，同号ロに規定する第１号通所事業又は同号ハに規定する第１号生活支援事業をいう。以下同じ。）を利用できるよう市町村，居宅サービス事業を行う者，地域密着型サービス事業を行う者，介護保険施設，介護予防サービス事業を行う者，地域密着型介護予防サービス事業を行う者，特定介護予防・日常生活支援総合事業を行う者等との連絡調整等を行う者であって，要介護者等が自立した日常生活を営むのに必要な援助に関する専門的知識及び技術を有するものとして第69条の７第１項の介護支援専門員証の交付を受けたものをいう」と定められている。

第４項では，ノーマライゼーション理念を基本とし，高齢に伴う心身機能の低下によって，日常生活に支障を来す場合でも，可能な限り住み慣れた居宅（自宅）での自立支援に尽力するとしている。

## 3　介護保険制度の概要

### 1　保険者

介護サービスの実施にあたっては，住民に最も身近な市町村が適切であるという福祉八法改正による地方分権の考えを継承し，保険者（運営主体）は市町村及び特別区としている。

さらに，法第５条では国の介護保険事業運営の健全な体制を行う責務を規定し，都道府県は市町村に対して必要な指導，援助を行うなど監督責任を規定している。

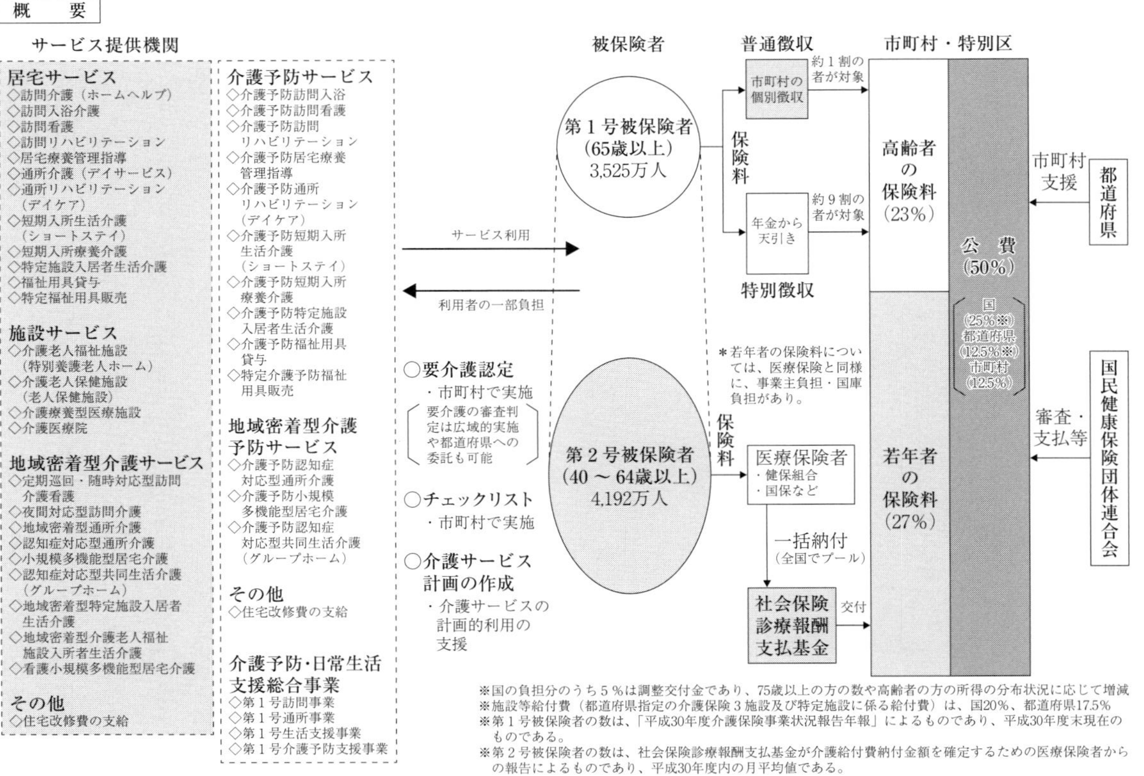


図5－1　介護保険制度の体系図

出所：『令和3年版　厚生労働白書』p.230。

## 2　被保険者

### ①　被保険者範囲と種類（法第9条・10条）

被保険者の範囲は，40歳以上の住所を有した医療保険加入者であり，居住地の市町村が保険者とされている（住所地主義）。さらにその対象は次の2つに分類されている。

(1)　第1号被保険者：市町村の区域内に住所を有する65歳以上の者。

(2)　第2号被保険者：市町村の区域内に住所を有する40歳以上65歳未満の医療保険加入者。

ここで，第2号被保険者が介護保険の受給権を得ようとする場合は，「特定疾病[(1)]」による要介護状態の者に限定されている。

### ②　住所地特例（法第13条）

他市町村の介護保険施設に入所する場合，入所前の居住地の市町村が保険者となることが定められており，市町村ごとの介護費用の財政的不均衡を緩和させるための特例である。

## 3　保険給付の手続きと内容

### ①　要介護者及び要支援者（法第27条）

介護保険によるサービス受給を受けるためには，市町村による要介護認定調査により介護の度合いを判定し，介護が必要であるとの認定を受けなければならない。その区分（要介護状態区分）は7段階に分かれており，要支援状態（1または2）及び要介護状態（1から5段階）にある者がその対象となり，区分ごとに介護の総量が定められている。

法律上「要介護状態」とは，「身体上又は精神上の障害があるために，入浴，排せつ，食事等の日常生活における基本的な動作の全部又は一部について，常時介護を要すると見込まれる状態」とされ，「要支援状態」とは，上記状態になるおそれのあるものをいう。

「要介護者」とは，(1)要介護状態にある65歳以上の者，(2)要介護状態にある40歳以上65歳未満の者で，その要介護状態の原因が特定疾病による者とされて

表5－1　対象者・受給権者・保険料負担，賦課・徴収方法

| | 第1号被保険者 | 第2号被保険者 |
|---|---|---|
| 対象者 | 65歳以上の者 | 40歳以上65歳未満の医療保険加入者 |
| 受給権者 | ・要介護者（寝たきり・認知症等で介護が必要な状態）<br>・要支援者（日常生活に支援が必要な状態） | 要介護・要支援状態が，末期がん・関節リウマチ等の加齢に起因する疾病（特定疾病）による場合に限定 |
| 保険料負担 | 市町村が徴収 | 医療保険者が医療保険料とともに徴収し，納付金として一括して納付 |
| 賦課・徴収方法 | ・所得段階別定額保険料（低所得者の負担軽減）<br>・年金が年額18万円以上の方は特別徴収（年金からのお支払い）<br>それ以外の方は普通徴収 | ・健保：標準報酬及び標準賞与×介護保険料率<br>（事業主負担あり）<br>・国保：所得割，均等割等に按分<br>（国庫負担あり） |

出所：『令和3年版　厚生労働白書』p.231。

いる。

「要支援者」とは，(1)要介護状態となるおそれがある状態にある65歳以上の者，(2)要介護状態となるおそれがある状態にある40歳以上65歳未満の者であって，その要介護状態の原因が特定疾病による者とされている。

② 要介護認定の手順（法第27条）

介護保険の受給権を得るためには，市町村への申請を行い介護が必要であるという証明が必要となる。その手順は次のようになる。

(1) 市町村から要介護認定を受けようとする者は，市町村にその要介護認定申請を行わなければならない。

(2) 申請受理後，市町村は介護の度合いを測定するため，調査員（市町村の職員または市町村から委託された居宅介護支援事業者，特別養護老人ホーム，地域包括支援センターの職員）を派遣し訪問調査が行われる。居宅介護支援事業者には，介護支援専門員（ケアマネジャー）の設置を義務づけており，調査はこの専門員が行う。

(3) 調査員による訪問調査は，申請者の心身の状況に関する74項目の質問に沿って行われ，その調査データをコンピューターにより判別し第1次判定を

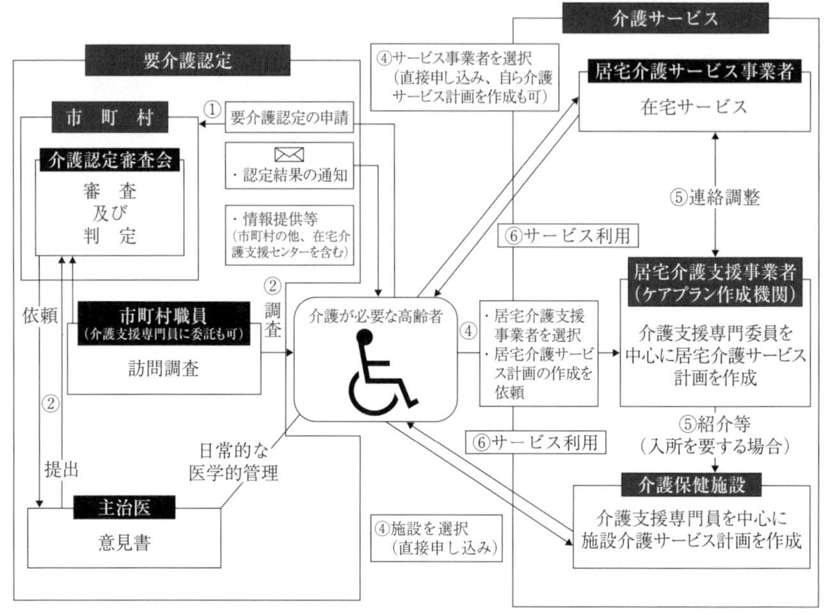


図5-2　要介護認定とサービス利用方法

注：市町村から要介護認定を受けようとする者は，市町村にその要介護認定申請をおこなわなければならない。
出所：『平成11年版　厚生白書』ぎょうせい，1999年，p.199。

行う。

(4)　第2次判定では，第1次の調査結果と，かかりつけ医の意見書に基づき，市町村に設置される「介護認定審査会」（保健・医療または福祉に関する学識経験者により構成された第3者機関）による第2次判定作業が行われる。

(5)　第1次・第2次判定作業の結果に基づき，市町村は「要介護認定」を行い被保険者証に記載し申請者へ交付する。

(6)「要介護認定」の判定は，自立・要支援1または2・要介護1から5の区分から確定する。有効期限の継続・変更の場合は再認定を受ける必要がある。

③　介護サービス計画とケアマネジメント

介護認定により，「自立」以外の判定を受けた者は，サービス利用者の希望に基づき利用限度内のサービスを組み合わせ利用することができる。そのためには，介護サービス計画（ケアプラン）を作成する必要があり，その計画はサービス利用者本人が作成する方法と，居宅介護支援事業者へ依頼し，ケアプランを作成してもらう方法の2種類がある。

一般的には，居宅介護支援事業者へケアプラン作成を依頼する方法が主流であり，そのケアプラン作成に関しては，介護支援専門員（ケアマネジャー）が作成する。

ここで，ケアマネジャーが行う業務とその展開過程についての概要に触れておく。

ケアマネジャーは，介護保険制度導入と同時に成立した職種であるが，欧米で広く取り入れられてきた「ケースマネジメント」という技法を取り入れたソーシャル・ワークの一形態である。現在では，ケアマネジメントという表現が用いられており，簡単にはケアを必要とする人に適切なサービスを調整・コーディネイトをする役割を担っている。

日本におけるケアマネジメントの過程は，次のようになる。

(1)　利用者から居宅介護支援事業者（介護サービス計画作成機関）への依頼（入口）。

(2)　ケアマネジャーによる訪問調査にて，利用者の心身の状況や希望を聞き課題分析を行う（アセスメント）。

(3)　利用者本位のサービス内容を検討し目標設定を行い，必要なサービスを提供している介護サービス事業者等との連絡調整を行う（目標設定とコーディネイト）。

(4)　各サービス提供者等から構成されるサービス担当者会議を行い，居宅サービス計画を作成する（サービス担当者会議）。

(5)　居宅介護サービス計画に基づき，サービスが開始される（計画の実行）。

(6)　継続的な管理（モニタリング）とサービス内容に関する再評価（再アセスメント）。

ここで，介護サービス計画は「居宅サービス計画（在宅ケアプラン）」と「施設サービス計画（施設ケアプラン）」の2種類あり，上記の展開過程は在宅ケアプランを前提としたものである。

## 4　費用負担内容と財源構成

### 1　保険料負担

保険制度による介護保障システムとして成立した介護保険制度は,「介護リスク」を前提として広く国民の保険料負担によって成立している。その保険料負担は2つに分類されている。

(1)　第1号被保険者：65歳以上の人を対象とし，市町村ごとに所得段階に応じた定額保険料が設定されており，各市町村財政や人口構造，サービス水準などによって3年ごとに見直しが行われている。

保険料徴収は，年金からの特別徴収（年額18万以上の年金受給者）が基本になっており，それ以外の者は市町村が個別徴収することとなっている。

(2)　第2号被保険者：40歳以上65歳未満の医療保険加入者を対象としており，各医療保険制度の算定方式に基づき保険料が設定され，社会保険診療報酬支払基金を通じて，各市町村に納付される。

### 2　サービス利用料負担

介護サービス利用者は，実際に受けた介護サービス費用の1割から3割（所得や資産による）を負担しなければならない。これは，居宅介護サービス及び施設介護サービスにおいても1割から3割の自己負担が課せられており，直接サービス提供事業者へ支払い，残りは保険者から各事業者へ支払われる。ただし，居宅介護サービス計画（ケアプラン）の作成についての利用者負担はない。また，自己負担額が高額になる場合には「高額介護サービス費」を支給しており，低所得者への一定の配慮がなされている。

### 3　保険給付の内容

要支援・要介護と認定された者は，それぞれ保険給付を受けることができる。要介護者は，介護給付を受けることができ，介護保険法が定めている居宅サー

表5－2　保険料

1．第1号被保険者の保険料は，負担能力に応じた負担を求める観点から，原則として各市町村ごとの所得段階別の定額保険料とし，低所得者への負担を軽減する一方，高所得者の負担は所得に応じたものとする。

| 段　階 | 対象者 | 保険料 | （参考）<br>対象者（平成30年度） |
|---|---|---|---|
| 第1段階 | ・生活保護受給者<br>・市町村民税世帯非課税かつ老齢福祉年金受給者<br>・市町村民税世帯非課税かつ本人年金収入等80万円以下 | 基準額×0.5 | 617万人 |
| 第2段階 | 市町村民税世帯非課税かつ本人年金収入等80万円超120万円以下 | 基準額×0.75 | 277万人 |
| 第3段階 | 市町村民税世帯非課税かつ本人年金収入等120万円超 | 基準額×0.75 | 256万人 |
| 第4段階 | 本人が市町村民税非課税（世帯に課税者がいる）かつ本人年金収入等80万円以下 | 基準額×0.9 | 480万人 |
| 第5段階 | 本人が市町村民税非課税（世帯に課税者がいる）かつ本人年金収入等80万円超 | 基準額×1.0 | 468万人 |
| 第6段階 | 本人が市町村民税課税かつ合計所得金額120万円未満 | 基準額×1.2 | 496万人 |
| 第7段階 | 本人が市町村民税課税かつ合計所得金額120万円以上210万円未満 | 基準額×1.3 | 452万人 |
| 第8段階 | 本人が市町村民税課税かつ合計所得金額210万円以上320万円未満 | 基準額×1.5 | 232万人 |
| 第9段階 | 本人が市町村民税課税かつ合計所得金額320万円以上 | 基準額×1.7 | 247万人 |

※上記表は標準的な段階。市町村が条例により課税層についての区分数を弾力的に設定できる。なお，保険料率はどの段階においても市町村が設定できる。

※公費の投入により平成27年4月から，第1段階について基準額×0.05の範囲内で軽減強化を行い，更に令和元年10月から第1段階について基準額×0.15，第2段階について基準額×0.25，第3段階について基準額×0.05の範囲内での軽減強化を実施。

2．第2号被保険者の保険料は，加入している医療保険者ごとに算定される。

出所：『令和3年版　厚生労働白書』p.231。

ビスと施設サービスの両方を利用することができる。要支援者は，予防給付を受けることができ，認知症対応型共同生活介護（要支援2以上）や居宅サービスを利用することができる。

居宅サービスについては，要介護度に応じて保険給付の上限額（支給限度額）

が定められている。施設入所者についても，要介護度別に給付額が定められている。

なお，介護保険法による給付には，介護給付，予防給付以外に市町村特別給付がある。

これは，「要介護状態の軽減若しくは悪化の防止又は要介護状態となることの予防に資する」（介護保険法第62条）ために，市町村が条令で定める独自の保険給付で，いわゆる「横出しサービス」といわれているものである。代表的なものに配食サービスや移送サービスなどがある。

## 4　介護保険制度の財源構成

介護保険法第５条において，国・都道府県などの公的責任を明記しており，国と国民の社会連帯に基づく制度として構成されている。制度運営に関する負担割合は，総給付費の50％を公費で賄うこととなっており，国・都道府県・市町村の負担割合は総給付費の25％・12.5％・12.5％（合計50％）となっており，残り50％は国民の介護保険料による負担となっている。第１号被保険者・第２号被保険者の負担割合は総給付費の23％・27％（合計50％）となっている。

## 5　事業者及び施設

介護保険法は，「居宅サービス」として訪問介護，訪問看護，通所介護など12種類を規定している（第８条第１項）。また「介護保険施設」としては，指定介護老人福祉施設（特別養護老人ホーム），介護老人保健施設（老人保健施設），介護医療院の３施設を規定している（第８条第25項）。要介護者，要支援者は，これらのサービスを利用した場合に保険給付を受けることができる。

指定居宅サービス事業者となるためには，都道府県知事に申請をし，その指定を受けなければならない。都道府県知事は，厚生労働大臣がサービス種類ごとに定めている人員，設備及び運営に関する基準により，事業所ごとに指定居宅サービス事業者の指定を行うことになっている。指定居宅介護支援事業者の指定は市町村が行っている。なお，指定居宅サービス事業者と指定居宅介護支援事業者の指定を受けるためには，人員，設備及び運営に関する基準を満たしていることに加えて，営利・非営利を問わず法人格を有していることが必要である。

ただし，指定基準を満たしていなくても，サービス水準が一定の基準を満たしており，保険者（市町村）が必要と認めた場合には，基準該当居宅サービスの事業者として，また離島などでサービスの確保が困難な地域で，かつ保険者（市町村）が必要と認めた場合には，都道府県知事の指定によらず指定居宅サービス事業者に指定できると定められている。

介護保険施設については，都道府県知事が，特別養護老人ホーム，老人保健施設，介護医療院などを有する医療施設の各開設者の申請を受けて，厚生労働大臣が定めている人員，設備及び運営に関する基準により，介護老人福祉施設または介護医療院の指定を行い，介護老人保健施設の場合には許可を行うこととなっている。

## 5　介護保険制度の施行状況

介護保険制度創設により，従来の措置制度による行政主導の提供体制からさまざまなサービス提供主体が登場することとなった。また，高齢者を中心とする被保険者が保険料を負担することから権利性を明確にし，「選択」と「契約」に基づくサービス利用形態に変更することとなった。このことは，社会福祉基礎構造改革の「措置から契約」への変更の流れに沿ったものであり，利用者本位のサービス提供システムを方向づけるものとして位置づけられている。

介護保険制度が導入されてから，数年間の制度運営はおおむね順調に進展しており，サービス利用者が増加傾向にあり，制度の周知度も年々高まってきている状況にある。

このことは，**表5-3**からも理解でき，65歳以上の被保険者が制度発足時で200万人から直近では600万人に達している。この急速な拡大は国民のニーズが高まってきていることと同時に，制度が広く認知されることを通じて拡大しているといえる。また，保険制度の導入やサービス利用者の増加などにより，サービス提供事業者も急速な勢いで増加しており，各自治体の計画的な制度の

表５－３　要介護（要支援）認定者数の推移（人）

各年４月末時点

| | 2000年 | 2001年 | 2002年 | 2003年 | 2004年 | 2005年 | 2006年 | 2007年 | 2008年 | 2009年 | 2010年 | 2011年 | 2012年 | 2013年 | 2014年 | 2015年 | 2016年 | 2017年 | 2018年 | 2019年 | 2020年 |
|---|---|---|---|---|---|---|---|---|---|---|---|---|---|---|---|---|---|---|---|---|---|
| 要支援１ | 290,923 | 319,595 | 398,322 | 504,835 | 601,258 | 673,542 | 58,678 | 527,027 | 551,720 | 574,997 | 603,560 | 662,247 | 692,126 | 772,816 | 824,654 | 873,999 | 887,841 | 889,634 | 880,676 | 927,162 | 933,035 |
| 要支援２ | － | － | － | － | － | － | 45,414 | 521,549 | 629,071 | 661,881 | 653,899 | 668,629 | 712,425 | 770,816 | 805,585 | 839,110 | 858,355 | 867,353 | 883,828 | 926,414 | 944,370 |
| 経過的要介護 | － | － | － | － | － | － | 654,952 | 39,557 | 1,460 | 0 | － | － | － | － | － | － | － | － | － | － | － |
| 要介護１ | 551,134 | 709,493 | 890,772 | 1,070,191 | 1,252,269 | 1,332,078 | 1,386,738 | 876,240 | 769,388 | 788,133 | 852,325 | 909,673 | 970,468 | 1,051,891 | 1,114,774 | 1,175,743 | 1,223,871 | 1,263,488 | 1,296,659 | 1,325,530 | 1,352,354 |
| 要介護２ | 393,691 | 489,560 | 571,012 | 640,574 | 594,806 | 614,040 | 651,370 | 755,749 | 806,110 | 822,691 | 854,158 | 900,892 | 952,408 | 992,717 | 1,029,165 | 1,062,102 | 1,083,300 | 1,105,911 | 1,126,741 | 1,139,023 | 1,157,433 |
| 要介護３ | 316,515 | 357,797 | 393,646 | 430,709 | 492,195 | 527,329 | 560,602 | 652,255 | 711,337 | 737,951 | 712,847 | 699,763 | 724,287 | 746,722 | 769,081 | 792,848 | 812,742 | 835,556 | 855,784 | 868,796 | 881,602 |
| 要介護４ | 338,901 | 365,352 | 393,783 | 423,846 | 478,585 | 496,616 | 524,989 | 547,175 | 578,873 | 589,512 | 629,757 | 641,178 | 669,754 | 696,080 | 711,038 | 729,956 | 746,855 | 768,322 | 790,783 | 804,416 | 820,826 |
| 要介護５ | 290,457 | 340,662 | 381,472 | 414,169 | 455,021 | 464,550 | 465,350 | 488,753 | 500,255 | 514,758 | 563,671 | 593,228 | 608,928 | 612,113 | 604,770 | 603,677 | 602,442 | 601,086 | 602,876 | 602,438 | 603,460 |
| 合　計 | 2,181,621 | 2,582,459 | 3,029,007 | 3,484,324 | 3,874,134 | 4,108,155 | 4,348,093 | 4,408,305 | 4,548,214 | 4,689,923 | 4,870,217 | 5,075,610 | 5,330,396 | 5,643,155 | 5,859,067 | 6,077,435 | 6,215,406 | 6,331,350 | 6,437,347 | 6,593,779 | 6,693,080 |

資料：厚生労働省老健局「介護保険事業状況報告」
注：介護保険法改正時（2006年４月１日施行）に要支援認定を受けていた者は，その認定期間の満了まで「経過的要介護」となっている。
出所：『令和３年版　厚生労働白書』p.235。

運用，実行により総体として介護保険制度による事業展開が拡大傾向にあることがわかる。

注

(1)　①がん（医師が一般に認められている医学的知見に基づき回復の見込みがない状態に至ったと判断したものに限る），②関節リウマチ，③筋萎縮性側索硬化症，④後縦靱帯骨化症，⑤骨折を伴う骨粗鬆症，⑥初老期における認知症，⑦進行性核上性麻痺，大脳皮質基底核変性症及びパーキンソン病，⑧脊髄小脳変性症，⑨脊柱管狭窄症，⑩早老症，⑪多系統萎縮症，⑫糖尿病性神経障害，糖尿病性腎症及び糖尿病性網膜症，⑬脳血管疾患，⑭閉塞性動脈硬化症，⑮慢性閉塞性肺疾患，⑯両側の膝関節又は股関節に著しい変形を伴う変形性関節症。

参考文献

厚生省老人保健福祉局介護保険制度施行準備室監修『介護保険関係法令集』ぎょうせい，1998年。

厚生省老人保健福祉局介護保険制度施行準備室監修『介護保険制度の手引き』中央法規出版，1998年。

厚生省監修『平成12年度版厚生白書』ぎょうせい，2000年。

長寿社会開発センター『老人福祉のてびき　平成14年版』第一法規，2002年。

厚生労働省監修『平成15年度版厚生労働白書』ぎょうせい，2003年。

内閣府『平成15年版　高齢社会白書』ぎょうせい，2003年。

厚生労働省『令和3年版　厚生労働白書』。

# 第6章　介護保険制度におけるサービス

## 1　居宅サービスと施設サービス

介護保険制度のサービスは，(1)ケアプランを作成する「介護支援サービス（ケアマネジメント）」，(2)在宅で生活している人を支援する「居宅サービス」，(3)入所施設でサービスを受ける「施設サービス」，(4)居住する市町村の住民だけが利用できる「地域密着型サービス」に分けられる。

また，「要介護1以上の人」に対しては「介護給付」が，「要支援状態」と認定された人には「介護予防給付」が用意されている（図6－1）。

### 1　居宅介護支援サービスと介護予防支援サービス

#### ①　居宅介護支援サービス

居宅介護支援サービスとは「居宅サービス計画（ケアプラン）」の作成を意味する。この作成は「居宅介護支援事業所」に勤務する「介護支援専門員（ケアマネジャー）」によって行われる。

利用者は市町村などから情報提供を受けた「居宅介護事業所」に連絡し，介護支援専門員の訪問を通じて，「居宅介護支援計画（ケアプラン）」の作成をしてもらう。この費用の自己負担はなく，介護保険制度から事業所に支給される。

#### ②　介護予防支援サービス

「介護予防支援」は，利用者が介護予防のために介護予防サービスやその他のサービスを利用することを支援するもので，プラン作成は地域包括支援センターが行う。この費用も自己負担はない。

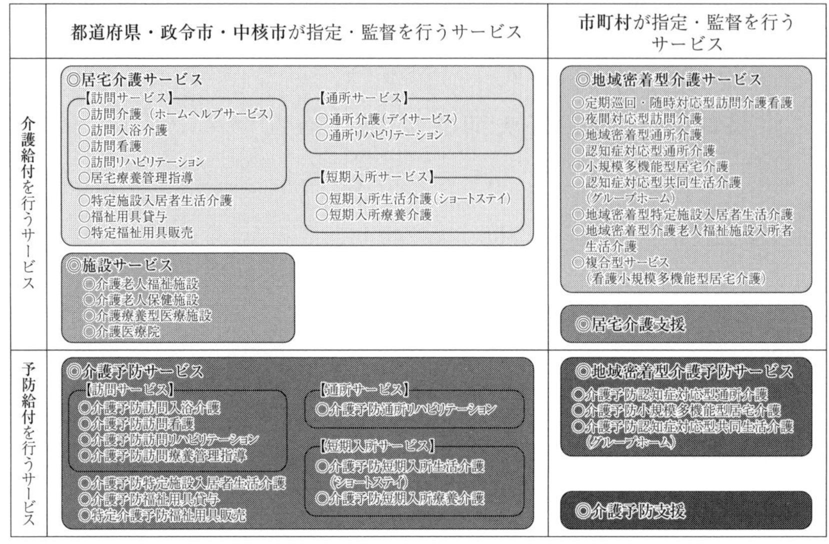


**図6－1　介護サービスの種類**

注：この他，居宅介護（介護予防）住宅改修，介護予防・日常生活支援総合事業がある。
出所：厚生労働省「介護保険制度をめぐる最近の動向について」厚生労働省老健局社会保障審議会介護保険部会（第92回）資料1, 2022年，p. 7：https://www.mhlw.go.jp/stf/seisakunitsuite/bunya/0000212398.html（2023年3月30日現在）。

## 2　居宅サービスと介護予防サービス

### ①　訪問介護

「訪問介護（ホームヘルプサービス）」とは，利用者の居宅において訪問介護員によって提供される入浴，排せつ，食事等の介護その他の日常生活上の世話（介護保険法第8条第2項）のことをいう。そのサービス内容は身体介護と生活援助からなる。なお，生活援助については，単身か家族等と同居していても家族が障害や疾病等の理由で家事を行うことが困難な場合という制限が設けられている。

### ②　訪問入浴介護，介護予防訪問入浴介護

「訪問入浴介護」とは，利用者の居宅を訪問し，浴槽を提供して行われる入浴の介護（法第8条第3項）をいう。

利用者には，移動入浴車によって利用者宅に浴槽を持ち込み全身浴や，部分浴（洗髪，陰部，足部等の洗浄）または清拭を行うなどである。

「介護予防訪問入浴」は，要支援者を対象とし，訪問入浴のサービス提供により利用者の生活機能の維持・向上を目指すものであるが，実際にはこのサービスの利用者は少ない。たとえば，自宅の浴室での入浴は困難だが，入浴サービスを提供している通所サービスの利用を拒否している人たちが，このサービスの対象となるようである。

③　訪問看護，介護予防訪問看護

「訪問看護」とは，利用者の居宅において提供される療養上の世話または必要な診療の補助（法第8条第4項）を指し，「訪問看護師」「理学療法士」「作業療法士」「言語聴覚士」などによって提供される。

「訪問看護」サービスの内容としては，「病状観察と情報収集，療養上の世話（食事介助，排泄介助，清潔保持，移動介助，衣服の着脱），診療の補助，精神的支援，リハビリテーション，家族支援，療養指導」などがある。訪問看護は医師の指示によって行われるものであり，主治医の訪問看護指示書を必要とする。また，末期癌の利用者などで症状の急性増悪があるときは，特別指示書が交付される場合は医療保険扱いとなり，2週間に限り毎日訪問看護を提供することができる。

「介護予防訪問看護」は，要支援者を対象とし，利用者の生活機能の維持向上を目指して行われるサービスであり，利用者が自らの能力を最大限に発揮できるように働きかけていくところに特徴がある。

④　訪問リハビリテーション，介護予防訪問リハビリテーション

「訪問リハビリテーション」とは，利用者の居宅において，心身の機能の維持回復を図り，日常生活の自立を助けるために行われる理学療法，作業療法その他のリハビリテーション（法第8条第5項）を指し，「訪問看護師」「理学療法士」「作業療法士」「言語聴覚士」などによって提供される。

また，「介護予防訪問リハビリテーション」は要支援者を対象とし，介護予

防を目的として行われる。

⑤　居宅療養管理指導，介護予防居宅療養管理指導

「居宅療養管理指導」とは，病院，診療所，薬局の医師，歯科医師，薬剤師などによって行われる療養上の管理及び指導（法第８条第６項）であり，「介護予防居宅療養管理指導」は要支援者を対象とし，介護予防を目的として行われるものである。

その内容には，(1)医師等によって行われる療養上の指導や助言，(2)薬剤師による服薬に関する指導や助言（薬局の薬剤師の場合は，医師・歯科医師の指示により作成した「薬学的管理指導計画書」に基づく），(3)指定居宅療養管理事業所に所属している管理栄養士による栄養管理の指導や助言（計画的に医学管理を行っている医師の指示による），(4)指定居宅療養管理指導事業所に所属している歯科衛生士等が，訪問歯科診療を行った歯科医の指示により行う口腔ケアがある。

⑥　通所介護

「通所介護（デイサービス）」とは，利用者を老人デイサービスセンターに通わせ，入浴，排せつ，食事等の介護その他の日常生活上の世話や機能訓練を行う（法第８条第７項）サービスである。

通所介護の目的は，(1)外出し，他の利用者との交流の機会を持つことで社会的孤立感を軽減すること，(2)サービスを利用することで利用者の心身の機能の維持を図ること，(3)利用者が通所している昼間の間，家族介護者の負担軽減を図ることなどである。

通所介護のサービス内容と支援の留意点としては，(1)送迎方法，(2)レクリエーションや機能訓練の内容と参加の支援，(3)介護が必要な場面とその方法（移動，移乗，着脱衣，入浴，食事，排泄，コミュニケーション等），(4)利用者の個別性に配慮した関わり方への配慮や心理的支援の方法・留意点などが挙げられる。

⑦　通所リハビリテーション，介護予防通所リハビリテーション

「通所リハビリテーション」とは，利用者を介護老人保健施設，病院，診療

所等に通わせ，利用者の心身の機能の維持回復を図り，日常生活の自立を助けるために行われる理学療法，作業療法その他必要なリハビリテーションを行う（法第８条第８項）サービスであり，「介護予防リハビリテーション」とは要支援者を対象とし，介護予防を目的とするものである。

「通所リハビリテーション」の内容としては，⑴個別リハビリテーション，⑵集団リハビリテーション，⑶居宅での介護方法や過ごし方の助言，家屋構造や福祉用具の利用等の環境整備に対する助言などが含まれる。

「介護予防通所リハビリテーション」の内容としては，⑴運動器の機能向上，⑵口腔機能の向上，⑶栄養管理があり，これらを他のサービスやケアと一体となって進めていく。

⑧　短期入所生活介護，介護予防短期入所生活介護

「短期入所生活介護（ショートステイ）」とは，利用者を特別養護老人ホームなどの施設に短期間入所させ，入浴，排せつ，食事等の介護その他の日常生活上の世話及び機能訓練を行う（法第８条第９項）サービスをいう。

「短期入所生活介護」の目的は，利用者の心身の機能の維持と利用者の家族の身体的・精神的負担の軽減を図ることである。

⑨　短期入所療養介護，介護予防短期入所療養介護

「短期入所療養介護（ショートステイ）」とは，利用者を介護老人保健施設などの施設に短期間入所させ，看護，医学的管理の下で介護及び機能訓練その他必要な医療や日常生活上の世話を行う（法第８条第10項）（下線筆者）サービスをいう。

「短期入所療養介護」は，医療サービスが必要な方を対象としており，利用者の療養生活の質の向上と利用者の家族の身体的・精神的負担の軽減を図ることである。

また，「介護予防短期入所療養介護」では，入所中に提供される機能訓練を通じた，心身の改善に向けたものであることが求められる。

⑩　特定施設入居者生活介護，介護予防特定施設入居者生活介護

「特定施設入居者生活介護」とは，特定施設として指定を受けた有料老人ホーム，養護老人ホーム，軽費老人ホーム（主としてケアハウス），において，その施設の職員が入居している要介護者に対して提供する介護サービス（法第８条第11項）をいう。

また，2006（平成18）年度からは特定施設の職員は基本サービス（特定施設サービス計画の作成，安否確認，生活相談等）を行い，介護サービスや機能訓練，療養上の世話などは委託している外部の居宅サービス事業者が提供する外部サービス利用型特定施設入居者生活介護が創設された。

⑪　福祉用具・介護予防福祉用具貸与及び販売

介護保険制度では，在宅生活を維持するために以下の「福祉用具の貸与」（自己負担あり）を行っている。

福祉用具貸与

・車いす（付属品含む）　・特殊寝台（付属品含む）　・床ずれ防止用具
・体位変換器　・手すり　・スロープ　・歩行器　・歩行補助つえ
・認知症老人徘徊感知機器　・移動用リフト（つり具の部分を除く）
・自動排泄処理装置

また，衛生的な理由から以下の「福祉用具」は「貸与」ではなく買い取りとされている。これらは会社ごとに単価が異なるが，極端に価格差がでないよう上限が情報公開されている。

福祉用具販売

・腰掛便座　・自動排泄処理装置の交換可能部　・排泄予測支援機器
・入浴補助用具（入浴用いす，浴槽用手すり，浴槽内いす，入浴台，浴室内すのこ，浴槽内すのこ，入浴用介助ベルト）　・簡易浴槽　・移動用リフトのつり具の部分

また，介護保険制度では次の住宅改修費用も上限20万円まで支給されている。

住宅改修
・手すりの取付け　・段差の解消　・滑りの防止及び移動の円滑化等のための床又は通路面の材料の変更　・引き戸等への扉の取替え　・洋式便器等への便器の取替え　・その他前各号の住宅改修に付帯して必要となる住宅改修

## 2　施設サービス

介護保険制度では，施設サービスとして介護老人福祉施設，介護老人保健施設が設けられている。なお，介護老人保健施設においては根拠法が介護保険法にあるが，介護老人福祉施設は老人福祉法に基づくものであり，それらを介護保険施設として指定している。なお，介護療養型医療施設は2006（平成18）年度医療制度改革によって2011（平成23）年度末に廃止されることが決定したがなかなか廃止につながらず，2017（平成29）年度末（経過措置で2018年から2024年まで）までに，「介護医療院」などに転換することとなった。

### 1　介護老人福祉施設

介護老人福祉施設とは，老人福祉法に規定する特別養護老人ホーム（定員30名以上）に入所する要介護者に対して，施設サービス計画に基づき，入浴，排せつ，食事等の介護その他の日常生活上の世話，機能訓練，健康管理及び療養上の世話を行うことを目的とする施設（法第８条第27項）である。

介護老人福祉施設の運営の基本方針は，こうしたサービス提供により，入所者がその有する能力に応じ自立した日常生活を営むことができるようにすることを目指すものとされている。また，2002（平成14）年より施設の全部において少数の居室及び当該居室に近接して設けられる共同生活室（当該居室の入居者が交流し，共同で日常生活を営むための場所）により一体的に構成される場所（ユニット）ごとに利用者の日常生活が営まれる「ユニット型指定介護老人福祉施設」が制度化された。これは，「全室個室」と「ユニットケア」という形態の介護老人福祉施設である。しかし，従来型の施設は4人部屋が残されている反面，個室はホテルコストとしての利用料が高く設定されているため，4人部屋を希望する人もいる。

介護老人福祉施設は，2015（平成27）年から入所要件が要介護3以上の人となったが，「特例入所」として，「高齢者虐待」や「認知症」などで必要性が高い場合例外として入所できる場合がある。

### 2　介護老人保健施設

「介護老人保健施設」とは，「要介護者に対し，施設サービス計画に基づいて，看護，医学的管理の下における介護及び機能訓練その他必要な医療並びに日常生活上の世話を行うことを目的とする施設」（法第8条第28項）である。

「介護老人保健施設」の運営の基本方針は，入所者がその有する能力に応じ自立した日常生活を営むことができるようにすることとともに，その者の居宅における生活への復帰を目指すものとされている。

## 3　地域密着型サービス

地域密着型サービスとは，2006（平成18）年に改正された新たな形態のサービスで，市町村が事業所の指定を行い，報酬単価も市町村が定めることができる。そのサービスを利用できるのは当該市町村の住民に限定される。

小規模ながら安心して住み慣れた地域で過ごすことができることを理念として創設されており，「小規模多機能」というサービス形態が大きな特徴である。

「地域密着型サービス」には，定期巡回・随時対応型訪問介護看護，夜間対応型訪問介護，地域密着型通所介護，認知症対応型通所介護，小規模多機能型居宅介護，認知症対応型共同生活介護，地域密着型特定施設入居者生活介護，地域密着型介護老人福祉施設入所者生活介護及び，複合型サービス（看護小規模多機能型居宅介護）（第8条第14項）があり，いずれも事業所のある市町村の住民が対象となっている。

以下に，サービスの概要を示す。

①　定期巡回・随時対応型訪問介護看護

このサービスは，要介護者で独居または，夫婦のみの高齢者世帯など，容態の急変などに不安を感じる人に対して創設したものである。

具体的には，訪問介護と訪問看護を一体的または連携したサービスをケアプランに反映させ，定期巡回だけでなく随時対応できる体制を可能としたサービスである。

②　夜間対応型訪問介護

利用者が夜間に定期的な巡回訪問や呼び出しを受けての訪問により訪問介護を提供するもの（法第８条第16項）である。このサービスでは，定期巡回サービス，オペレーションセンターサービス（ケアコール端末からの随時の通報に対応），随時訪問サービスが一括して提供される。

③　認知症対応型通所介護，介護予防認知症対応型通所介護

「認知症対応型通所介護」とは，認知症の要介護者に対して，介護や機能訓練を提供するもの（法第８条第18項）としている。このサービスでは，利用対象を認知症の通所に限定することで，認知症者の特性に配慮したサービス提供を行うものである。

「介護予防認知症対応型通所介護」は，要支援者を対象として，介護予防を目的として行われるものである。

④　小規模多機能型居宅介護，介護予防小規模多機能型居宅介護

「小規模多機能型居宅介護」とは，居宅要介護者に対して，通所，短期の宿泊にて介護サービスや機能訓練を提供するもの（法第８条第19項）としている。

このサービスは，小規模ながら「通い」「訪問」「泊り」といったサービスを柔軟に組み合わせることで，在宅生活に不安をいだく人に利用してもらうものである。ただし，このサービスを使用する場合，その他の「居宅系サービス」は使用できず自宅で訪問介護などを受けるか，小規模多機能型居宅介護のサービスにするか決定してもらわないといけない。

また，このサービス提供に際しては，「小規模多機能型居宅介護事業所」の「介護支援専門員」が作成した「居宅サービス計画」と「小規模多機能型居宅介護計画」に基づき，通所サービス，訪問サービス，宿泊サービスを柔軟に組み合わせて，利用者が住み慣れた地域で生活し続けられるように支援する。

「介護予防小規模多機能型居宅介護」は，要支援者を対象として，介護予防を目的として行われるものである。

⑤　認知症対応型共同生活介護，介護予防認知症対応型共同生活介護

「認知症対応型共同生活介護（グループホーム）」とは，認知症の要介護者が共同生活を営む住居で入浴，排せつ，食事等の介護その他の日常生活上の世話及び機能訓練を提供するもの（法第８条第20項）である。

そのサービスは「家庭的な環境と地域住民との交流の下で」行われることが求められ，１ユニットは利用者数が９名まで，１事業所は３ユニットまでを併設運営することができる。

「介護予防認知症対応型共同生活介護」は，要支援者を対象として，介護予防を目的として行われるものである。

⑥　地域密着型特定施設入居者生活介護

「地域密着型特定施設入居者生活介護」とは，地域密着型特定施設において介護，機能訓練及び療養上の世話を提供するもの（法第８条第21項）としている。

この「地域密着型特定施設」とは，有料老人ホーム・養護老人ホーム・軽費老人ホームで，入居定員が29名以下の施設である。

⑦　地域密着型介護老人福祉施設入所者生活介護

「地域密着型介護老人福祉施設入所者生活介護」とは，地域密着型介護老人福祉施設において，地域密着型施設サービス計画に基づいて提供される介護，機能訓練，健康管理及び療養上の世話などを提供するもの（法第８条第22項）をいう。

この「地域密着型介護老人福祉施設」とは，定員29名以下の介護老人福祉施

設であり，その形態は，(1)単独小規模の介護老人福祉施設，(2)同一法人による本体施設のあるサテライト型居住施設，(3)通所介護事業や小規模多機能型居宅介護事業所等と併設事業所を組み合わせたものがある。

⑧　複合型サービス（看護小規模多機能型居宅介護）

2012（平成24）年に制度化されたサービスで，介護と看護を一体的に提供でき，特に医療依存度の高い人に対して，病院での入院ではなく小規模ながら終末期も安心してサービスの提供ができるものとして制度化された。

## 4　介護予防・日常生活支援総合事業

### 1　介護予防の理念と制度

「介護予防」は，住み慣れた地域社会で高齢者が要介護状態にならないよう，市町村ごとにその取り組みを進めることになった。

また，これら「介護予防」を推進していくため「地域包括支援センター」が「介護予防ケアマネジメント」を担い，要支援の方々への窓口として位置づけられている。

また，2017（平成29）年から「介護予防・日常生活支援総合事業（総合事業）」として運営されることとなり，(1)「介護予防・生活支援サービス事業」，(2)「一般介護予防事業」の２種類に分けてその推進が図られている。

### 2　介護予防の方法

「介護予防」を推進していくため，新たに「予防給付」が設けられその総合相談センターとして「地域包括支援センター」が役割を担うこととなった。

①　予防給付・生活支援サービス事業

まず，「介護予防通所リハビリテーション」においては要支援者への生活能力の維持・向上を目指しサービス利用が可能となった。

また，利用者の状態によって，(1)運動器の機能向上，(2)栄養改善，(3)口腔機

表６−１　基本チェックリスト

| No. | 質問項目 | 回答（いずれかに○をお付け下さい） | | 該当 | |
|---|---|---|---|---|---|
| 1 | バスや電車で１人で外出していますか | 0.はい | 1.いいえ | | 10項目以上に該当 |
| 2 | 日用品の買物をしていますか | 0.はい | 1.いいえ | | |
| 3 | 預貯金の出し入れをしていますか | 0.はい | 1.いいえ | | |
| 4 | 友人の家を訪ねていますか | 0.はい | 1.いいえ | | |
| 5 | 家族や友人の相談にのっていますか | 0.はい | 1.いいえ | | |
| 6 | 階段を手すりや壁をつたわらずに昇っていますか | 0.はい | 1.いいえ | 運動３項目以上に該当 | |
| 7 | 椅子に座った状態から何もつかまらずに立ち上がっていますか | 0.はい | 1.いいえ | | |
| 8 | 15分位続けて歩いていますか | 0.はい | 1.いいえ | | |
| 9 | この１年間に転んだことがありますか | 1.はい | 0.いいえ | | |
| 10 | 転倒に対する不安は大きいですか | 1.はい | 0.いいえ | | |
| 11 | ６カ月間で２〜３kg以上の体重減少がありましたか | 1.はい | 0.いいえ | 栄養２項目に該当 | |
| 12 | 身長　　cm　　体重　　kg　（BMI＝　　）（注） | | | | |
| 13 | 半年前に比べて固いものが食べにくくなりましたか | 1.はい | 0.いいえ | 口腔２項目以上に該当 | |
| 14 | お茶や汁物等でむせることがありますか | 1.はい | 0.いいえ | | |
| 15 | 口の渇きが気になりますか | 1.はい | 0.いいえ | | |
| 16 | 週に１回以上は外出していますか | 0.はい | 1.いいえ | 閉じこもり | |
| 17 | 昨年と比べて外出の回数は減っていますか | 1.はい | 0.いいえ | | |
| 18 | 周りの人から「いつも同じ事を聞く」などの物忘れがあると言われますか | 1.はい | 0.いいえ | 認知機能１項目以上に該当 | |
| 19 | 自分で電話番号を調べて、電話をかけることをしていますか | 0.はい | 1.いいえ | | |
| 20 | 今日が何月何日かわからない時がありますか | 1.はい | 0.いいえ | | |
| 21 | （ここ２週間）毎日の生活に充実感がない | 1.はい | 0.いいえ | うつ２項目以上に該当 | |
| 22 | （ここ２週間）これまで楽しんでやれていたことが楽しめなくなった | 1.はい | 0.いいえ | | |
| 23 | （ここ２週間）以前は楽にできていたことが今ではおっくうに感じられる | 1.はい | 0.いいえ | | |
| 24 | （ここ２週間）自分が役に立つ人間だと思えない | 1.はい | 0.いいえ | | |
| 25 | （ここ２週間）わけもなく疲れたような感じがする | 1.はい | 0.いいえ | | |

注：BMI＝体重（kg）÷身長（m）が18.5未満の場合に該当とする。
出所：株式会社野村総合研究所「介護予防マニュアル第４版　生活機能が低下した高齢者を支援するための領域別プログラム」2022年。

能の向上などの選択的サービスが位置づけられることになった。なお，事業者に対しては定額報酬制（包括払い）となっている。

②　一般介護予防事業

介護予防特定高齢者施策は，要支援・要介護状態になるおそれがある高齢者（基本チェックリスト該当者：市町村の高齢者人口の約５％）を発見し，生活機能の低下の予防を行っていくものである。

生活機能評価は基本チェックリストを用いて行い，市町村や地域包括支援センターが表6-1の基本チェックリスト該当者へアセスメントを行い，本人の意向や生活環境等も踏まえて，介護予防ケアプランを作成することになる。

### 3　包括的支援事業

「包括的支援事業」は以下の４つの事業推進が図られている。

(1)　在宅医療・介護連携推進事業

(2)　地域ケア会議推進事業

(3)　認知症総合支援事業

(4)　生活支援体制整備事業

### 4　任意事業

市町村は任意で以下の事業を行うことができる。

(1)　介護給付等費用適正化事業

(2)　家族介護支援事業：(例）家族介護教室，徘徊高齢者SOSネットワーク事業，認知症高齢者家族やすらぎ支援，在宅高齢者家族介護慰労金，介護者リフレッシュ事業等

(3)　その他の事業：(例）成年後見制度利用支援事業，地域自立生活支援事業（介護相談員の派遣，配食サービス，安否確認電話サービス）等

## 5　その他のサービス

介護保険制度では，前述した保険給付以外に，市町村が条例により，地域の実情を踏まえたサービスを市町村特別給付として定めることができる（法第62条)。これらにはたとえば，移送サービス，配食サービス，寝具乾燥サービス，

紙おむつの購入費助成サービスなどがある。また，市町村は介護給付・予防給付の在宅サービスについて，市町村独自の高い給付水準を設定することもできる。

市町村特別給付の財源は，原則としてその市町村の第１号被保険者によってまかなわれる。そのため，保険給付を手厚くすることは，保険料に跳ね返るため，条例で制定している市町村は多くない。

# 第7章　認知症の基礎的理解とその対策

## 1　認知症の種類と医学的所見

2020（令和2）年6月，介護保険法が改正され認知症関連の見直しもいくつか行われている。

前年までの介護保険法第5条の2では，認知症の定義を「脳血管疾患，アルツハイマー病その他の要因にもとづく脳の器質的な変化により，日常生活に支障が生じる程度まで，記憶機能およびその他の認知機能が低下した状態をいう」とされていたが，2020（令和2）年6月の改正では，「認知症（アルツハイマー病その他の神経変性疾患，脳血管疾患その他の疾患により日常生活に支障が生じる程度にまで認知機能が低下した状態として政令で定める状態をいう。以下同じ。)」と変更された。近年医療技術の進展によって認知症のメカニズムが徐々に判明し，さらにその変更が今後も行われることが予想されるため，法令では「認知機能が低下した状態として政令で定める状態」とし，今後の変更に対応しようとしてのことである。

従来は「脳の器質的変化」としていたが，「神経変性疾患」という用語に法令において変更され，脳神経のなんらかのダメージによって引き起こされるものであるという理解となった。

このように，認知症とは脳内の神経細胞がなんらかの理由により「損傷」，または「変異」「死滅」していく症状であり，日常生活にどのような影響が引き起こされていくのかを今後も注視しなければならないことを意味している。

また，図7－1に示すように年齢が高くなるほど認知症の発症率は高くなる。前期高齢者（65歳以上75歳未満）では人口の約10％程度であるのに対して，後期高齢者（75歳以上）になると有病率が格段に上昇していることも注視しなけれ

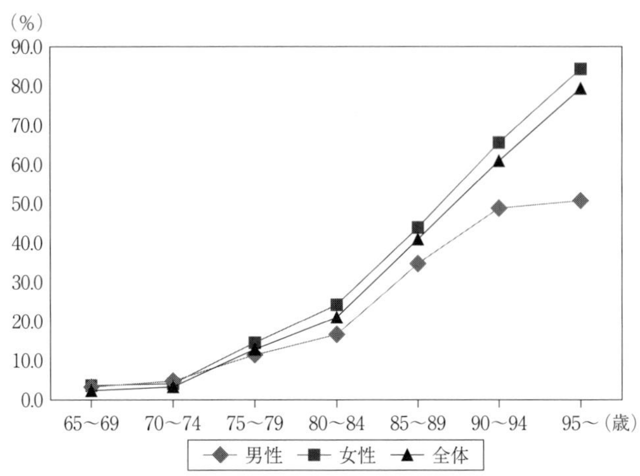


**図７－１　わが国における年齢階層別の認知症推計有病率（2012年）**

出所：厚生労働科学研究費補助金認知症対策総合研究事業「都市部における認知症有病率と認知症の生活機能障害への対応　平成23年度～平成24年度総合研究報告書」2013年。

ばならない。

## 1　認知症の診断基準

ここでは，主に現段階における医学的知見を中心に述べることとする。わずか20年ほど前まで「認知症」に関するメカニズムが解明されていなかったが，近年の医学的な進歩によって急速にそのメカニズムなどが解明されてきた。正しい医学的所見を理解することによって偏見や誤解を生まないためにも，ここで触れることとした。

まず，代表的な認知症の診断基準には，世界保健機関による国際疾病分類第10版（ICD－10）や米国国立老化研究所／Alzheimer 病協会ワークグループ National Institute on Aging-Alzheimer's Association workgroup（NIA＝AA）基準，米国精神医学会による精神疾患の診断・統計マニュアル第５版（DSM-5）がある。

ここでは，DSM－5の診断基準を**表７－１**に紹介する。

DSM－5（2013）では，「neurocognitive disorders（神経認知障害群）」という

表7－1　DSM－5による認知症（DSM－5）の診断基準（2013年）

| |
|---|
| A. 1つ以上の認知領域（複雑性注意，遂行機能，学習および記憶，言語，知覚―運動，社会的認知）において，以前の行為水準から有意な認知の低下があるという証拠が以下に基づいている：<br>(1) 本人，本人をよく知る情報提供者，または臨床家による，有意な認知機能の低下があったという懸念，および<br>(2) 標準化された神経心理学的検査によって，それがなければ他の定量化された臨床的評価によって記録された，実質的な認知行為の障害<br>B. 毎日の活動において，認知欠損が自立を阻害する（すなわち，最低限，請求書を支払う，内服薬を管理するなどの複雑な手段的日常生活動作に援助を必要とする）。<br>C. その認知欠損は，せん妄の状況でのみ起こるものではない。<br>D. その認知欠損は，他の精神疾患によってうまく説明されない（例：うつ病，統合失調症）。 |

出所：American Psychiatric Association 編／日本精神神経学会日本語版用語監修／高橋三郎・大野裕監訳『DSM－5　精神疾患の診断・統計マニュアル』2014年，医学書院。

用語を使用し，認知症（dementia）の代わりに「major neurocognitive disorder（認知症）」としている。神経認知領域は，複雑性注意，遂行機能，学習および記憶，言語，知覚―運動，社会的認知の6領域の中から1つ以上の認知領域で優位な低下が示され，認知の欠損によって日常生活が阻害される場合に認知症と診断される。

その他，認知症に関する用語として，DSM－5では，「major neurocognitive disorder（認知症）」「mild neurocognitive disorder（軽度認知障害）」という用語が用いられている。

日本では，「軽度認知障害」は National Institute on Aging-Alzheimer's Association workgroup（NIA = AA）基準による，「MCI due to Alzheimer's disease」を略して（MCI）と呼ばれるケースが多い。

また，表7－2の「認知症高齢者の日常生活自立度」が，かかりつけ医による認知症の状態を示す指標とされており，わが国の介護保険制度においては要介護認定の際に確認される項目である。

## 2　認知症の原因と分類

認知症にはさまざまな原因疾患や病態が含まれるが，代表的なアルツハイマー病（Alzheimer），前頭側頭葉変性症，レビー小体病（Lewy），血管性疾患，

表7－2　認知症高齢者の日常生活自立度

| ランク | 判定基準 | 見られる症状・行動の例 |
|---|---|---|
| Ⅰ | 何らかの認知症を有するが，日常生活は家庭内及び社会的にほぼ自立している。 | |
| Ⅱ | 日常生活に支障を来すような症状・行動や意志疎通の困難さが多少見られても，誰かが注意していれば自立できる。 | |
| Ⅱa | 家庭外で上記Ⅱの状態が見られる。 | たびたび道に迷うとか，買い物や事務，金銭管理などそれまでできたことにミスが目立つ等 |
| Ⅱb | 家庭内でも上記Ⅱの状態が見られる。 | 服薬管理ができない，電話の対応や訪問者との対応などひとりで留守番ができない等 |
| Ⅲ | 日常生活に支障を来すような症状・行動や意志疎通の困難さがときどき見られ，介護を必要とする。 | |
| Ⅲa | 日中を中心として上記Ⅲの状態が見られる。 | 着替え，食事，排便・排尿が上手にできない・時間がかかる，やたらに物を口に入れる，物を拾い集める，徘徊，失禁，大声・奇声を上げる，火の不始末，不潔行為，性的異常行為等 |
| Ⅲb | 夜間を中心として上記Ⅲの状態が見られる。 | ランクⅢaに同じ |
| Ⅳ | 日常生活に支障を来すような症状・行動や意志疎通の困難さが頻繁に見られ，常に介護を必要とする。 | ランクⅢに同じ |
| M | 著しい精神症状や問題行動あるいは重篤な身体疾患が見られ，専門医療を必要とする。 | せん妄，妄想，興奮，自傷・他害等の精神症状や精神症状に起因する問題行動が継続する状態等 |

出所：厚生労働省「認知症高齢者の日常生活自立度」：https://www.mhlw.go.jp/topics/2013/02/dl/tp0215-11-11d.pdf（2023年3月30日現在）。

外傷性脳損傷，物質・医薬品の使用，HIV 感染，プリオン病，Parkinson 病，Huntington 病，他の医学的疾患，複数の病因，特定不能に分けられる。

ここでは，紙幅の関係から4病態を中心に述べることとする。

## 3　アルツハイマー（Alzheimer）型認知症

認知症疾患診療ガイドライン2017によると「Alzheimer 病は病理組織学的に

表7－3　認知症や認知症様症状をきたす主な疾患・病態

**1．中枢神経変性疾患**
Alzheimer 型認知症
前頭側頭型認知症
Lewy 小体型認知症 /Parkinson 病
進行性核上性麻痺
大脳皮質基底核変性症
Huntington 病
嗜銀顆粒性認知症
神経原線維変化型老年期認知症
その他

**2．血管性認知症（VaD）**
多発梗塞性認知症
戦略的な部位の単一病変による VaD
小血管病変性認知症
低灌流性 VaD
脳出血性 VaD
慢性硬膜下血腫
その他

**3．脳腫瘍**
原発性脳腫瘍
転移性脳腫瘍
癌性髄膜症

**4．正常圧水頭症**

**5．頭部外傷**

**6．無酸素性あるいは低酸素性脳症**

**7．神経感染症**
急性ウイルス性脳炎（単純ヘルペス脳炎，日本脳炎など）
HIV 感染症（AIDS）
Creutzfeldt-Jakob 病
亜急性硬化性全脳炎・亜急性風疹全脳炎
進行麻痺（神経梅毒）
急性化膿性髄膜炎
亜急性・慢性髄膜炎（結核，真菌性）
脳腫瘍
脳寄生虫
その他

**8．臓器不全および関連疾患**
腎不全，透析脳症
肝不全，門脈肝静脈シャント
慢性心不全
慢性呼吸不全
その他

**9．内分泌機能異常症および関連疾患**
甲状腺機能低下症
下垂体機能低下症
副腎皮質機能低下症
副甲状腺機能亢進または低下症
Cushing 症候群
反復性低血糖
その他

**10．欠乏性疾患，中毒性疾患，代謝性疾患**
アルコール依存症
Marchiafava-Bignami 病
一酸化炭素中毒
ビタミン $B_1$ 欠乏症（Wernicke-Korsakoff 症候群）
ビタミン $B_{12}$ 欠乏症，ビタミン D 欠乏症，葉酸欠乏症
ナイアシン欠乏症（ペラグラ）
薬物中毒
A）抗癌薬（5-FU，メトトレキサート，シタラビンなど）
B）向精神薬（ベンゾジアゼピン系抗うつ薬，抗精神病薬など）
C）抗菌薬
D）抗痙攣薬
金属中毒（水銀，マンガン，鉛など）
Wilson 病
遅発性尿素サイクル酵素欠損症
その他

**11．脱髄疾患などの自己免疫性疾患**
多発性硬化症
急性散在性脳脊髄炎
Behçet 病
Sjögren 症候群
その他

**12．蓄積病**
遅発性スフィンゴリピド症
副腎白質ジストロフィー
脳腱黄色腫症
神経細胞内セロイドリポフスチン［沈着］症
糖尿病
その他

**13．その他**
ミトコンドリア脳筋症
進行性筋ジストロフィー
Fahr 病
その他

AND（(危険因子 /TH OR 危険因子 /TI OR リスク /TI) AND (PT ＝総説)) OR ((SH ＝病因) AND (病因 /TI or 原因 TI))

出所：日本神経学会監修『認知症疾患診療ガイドライン2017』医学書院，p. 7。

は老人斑アミロイドβ（Aβ）の斑状蓄積と神経原線維変化（タウの繊維状凝集体）の多発を特徴とする。老人斑は新皮質連合野に出現し密度を増しつつ他の部位にも広がる。神経原線維変化は海馬辺縁系に始まり，やはり疾患の進行とともに広がる[(1)]」とされており，特に脳内に特殊なタンパク質であるアミロイドβタンパクの蓄積が脳神経細胞へのダメージを誘引し，脳神経細胞の衰退，死滅が急速に起こるとの仮説が提唱されている。しかし，なぜアミロイドβタンパクが蓄積するのかなどは解明されていない。また，蓄積しないための予防薬は開発途上にありさまざまな医学的仮説から予防薬への期待は大きいが，有効性や臨床治験を経て承認されるためには膨大な時間とコストがかかるため，筆者の見解では今世紀中に開発されるか疑問がある。また，ひとたび進行すると個人差はあるが病状は進行し，完全な回復は見込めないのが現状である。

## 4　アルツハイマー（Alzheimer）型認知症の特徴的な症状

### ①　認知機能障害

「中核症状」としては，「記憶障害」である。「記憶障害」も「短期記憶」と「長期記憶」があり前者は今日食べた朝食がわからないなどの短期間での出来事を思い出せない記憶障害である。長期記憶とは，多忙であった時期や思い出深い出来事など，昔の記憶は保持している場合が多く，認知症ケアの一つとして「回想法」という長期記憶を呼び覚ます方法が有効であるという実践報告はある。しかし，専門家が安定的な身分で長期間関わることが困難であり，有効性はあると考えられるが，当事者本人の記憶を再現することの難しさなどから普及しているとはいいがたい。

また，記憶障害とともに「見当識障害」「遂行能力障害」「視空間障害」「言語障害」などが加わる場合もある。特に，「遂行能力」は早い段階から見られることが多く，仕事や家事などの日常行動に支障を来し，仕事の継続や家事の業務が徐々にできなくなっていく。

「視空間障害」は，近所でも道に迷うようになり進行すると物を使えない状態になる場合もある。言語面では，物の名前がわからなくなり，言葉の理解も徐々に衰退するようになる。

② 行動・心理症状

「中核症状」とともに,「周辺症状」とされる意欲や感情の障害, 妄想, 幻覚, 徘徊, 興奮などは, 介助者などが適切に対応できない場合に進行すると考えられている。これらを行動, 心理症状（behavioral and psychological symptoms of dementia：略して BPSD）という。特徴的な症状として, 海馬・側頭葉内側面の障害によるもの忘れと, 記銘力障害, 側頭・頭頂・後頭領域障害による語健忘, 視空間性障害, 失行, 意味記憶障害, 出来事記憶の障害が特徴的であり, 中等度では長期記憶が進行し, 意味記憶障害と失語による使用できる単語の減少が加わり, 重度ではほとんどすべての記憶が障害される。

また, 複雑な図形の描画模写が障害され, 日常用いる道具の使用障害, 口頭・視覚命令による模倣が障害される。中程度では, 着衣失行もよく見られる症状で, 習い覚えた動作としての手続き記憶の障害と合併して進行する。記憶障害とともに仕事や家事を行う遂行機能能力低下も初期に見られる症状である。

また, 80％は進行とともに行動・心理症状（BPSD）が出現し, 周辺症状を増幅させないための周囲の適切な関わりが重要となる。BPSD は, 周囲の不適切な関わりで症状が進行し, 暴言暴力, 焦燥興奮, 拒絶, 幻覚, せん妄, 不眠, 徘徊などにつながるため, まわりの介助者が否定的な言動や対応をせず穏やかに過ごせる環境を準備することが大切となる。

## 5　現在有効性が確認されている薬物療法

世界的に Alzheimer 病の進行を遅延させることに有効であると認められる薬剤は, 次の3種類, すなわち「ドネペジル」「ガランタミン」「リバスチグミン」であり, いずれも認知症の進行を遅延させる効果は認められているが, 進行を食い止めることはできない。しかし, 早期に発見し投薬治療を開始することによって, 認知症の進行が緩やかになることが確認されている。また, エーザイ株式会社と米国バイオジェン・インクが共同開発した新薬「レカネマブ」は早期 Alzheimer 病患者への投与で, アミロイド $\beta$ を脳内から除去する効果がある[(2)]とされ, 2023年1月米国で薬事承認された。また, 日本でも2023年9月25日に正式に薬事承認[(3)]がなされ, 今後薬価の制定や運用などについて検討がなされることとなっている。

現段階では，初期の Alzheimer 患者（軽度認知障害 MCI または初期認知症）を対象とし投与を実施していくこととされ，その際の薬価基準などの検討作業を行っている段階[4]である。しかし，アミロイドβタンパクが蓄積されるメカニズムが解明されていないことと，アミロイドβタンパクの除去を実施した以降の再発など今後の臨床知見が必要と思われる。同時にアミロイドβタンパクが脳神経細胞の死滅に関係しているとする医学的仮説もあるため，新薬投与後の患者への副作用や日常生活への影響など，さまざまなデータ収集と継続的な医学研究が必要であると考えられる。

## 6 レビー（Lewy）小体型認知症

レビー小体型認知症は，αシヌクレインという特殊なタンパク質が脳神経にダメージをもたらす。医学的には，αシヌクレインの神経細胞内への異常蓄積を主病変とし，Lewy 小体と呼ばれる封入体を形成する。Lewy 小体も疾患の進行とともに分布が広がる。

症状として，認知機能に変動（ムラ）があるが，Alzheimer 病患者より比較的維持されている。その他，パーキンソニズム（Parkinson 病と症状が酷似しており，うつろな表情で小幅歩行をし，手足の震えも若干あるなど），繰り返す「幻視」（存在しないものが見えていると主張する）などの中核的症状とともに，レム期睡眠行動異常症（深夜に目が覚めるなど）が特徴的な症状として認められる。

また，Alzheimer 病との比較では，早期にパーキンソニズム，歩行の障害，自律神経症状，嗅覚障害，幻視，せん妄，睡眠障害や精神症状など，Alzheimer 病では見られない症状から区別する必要がある。

レビー小体型認知症への薬物療法として，日本では「ドネペジル」（製品名アリセプト）が保険適用となっている。また，「メマンチン」「リバスチグミン」も一部有用性は認められているが，保険適用にはなっていない。

## 7 血管性認知症（vascular dementia：VaD）

血管性認知症は，脳血管障害が原因となる認知症であり，Alzheimer 型認知症とは異なる原因となっている。脳血管疾患が原因とされる認知症には以下の6つが診断基準として示されている。(1)多発梗塞性認知症，(2)戦略的な部位の単一病変による認知症，(3)小血管病性認知症，(4)低灌流(かんりゅう)性血管性認知症，(5)出血性血管性認知症，(6)その他。

いずれも，脳血管内動脈硬化症，脳梗塞などを原因として発症する認知症であり，障害される脳の部位によって，失語，失行，失認，視空間障害，構成障害や遂行機能障害，運動麻痺を伴う。また，(2)戦略的な部位の単一病変による認知症は，高次脳機能に重要な部位の脳梗塞で生じ，記憶障害，意欲低下，無為，せん妄，認知症を呈する。

これらの予後として，脳卒中発作の後それに随伴して階段状に認知機能障害が増悪することが典型であり，脳卒中患者の30％に血管性認知症の症状が現れるとされている。そのため，脳梗塞，脳卒中の危険因子として挙げられる，「運動不足」「脳卒中の再発」「高血圧」「糖尿病」「脂質異常症」「肥満」「喫煙」などに留意して，年齢に応じた生活習慣や，血圧コントロールなどによる予防が大切になってくる。

症状として，歩行障害，不安定歩行と頻回の転倒，排尿障害，人格障害，意欲低下，うつ，情動失禁などが特異的にあらわれる。また，記憶障害，認知障害，失語，失行，失認などを呈する割合が大きい。

血管性認知症に有効な薬物として，「ドネペジル」「ガランタミン」「リバスチグミン」「メマンチン」の投与が勧められる。

### 8　前頭側頭型認知症（frontotemporal dementia：FTD）

主として初老期に発症し，前頭葉と側頭葉を中心とする神経細胞の変性・脱落により，著明な行動異常，精神症状，言語障害などを特徴とする進行性の非Alzheimer病であり，経過中に行動障害や認知機能障害以外にも，パーキンソニズムや運動ニューロン症状をはじめとする運動障害を認めうる。

この種の認知症は，脳内のタウタンパクが蓄積することによる脳神経への変性によってもたらされると考えられている。また，進行性の変性疾患であり，根本的な治療方法は未開発である。医学的には，「神経変性疾患」とされ，正確な診断がなされればわが国では指定難病として対応される。

診断には，MRI や CT などの画像診断を用いることが推奨されているが，行動異常や精神症状のために画像検査が実施不可能な症例も多い。

画像診断が可能な場合，前頭葉と側頭葉に限局的な萎縮が見られ，脳内血流を測定する SPECT/PET 診断では，前頭葉や側頭葉前部に代謝や血流低下が認められる。

### 9 薬物療法と非薬物療法

薬物療法では，有効性が確立されていないものの行動障害を改善する目的で選択的セロトニン再取り込み阻害薬（SSRI）の使用が推奨されているが，根本的治療薬は未開発である。エビデンスは少ないものの，非薬物療法は有用であり，治療の中心となる。特に患者の保たれた機能やそれまでの生活様式を利用することで行動異常の軽減や，介護者の負担を減らすことも可能な場合がある。

具体的には，「エピソード記憶」や「手続記憶」「視空間認知機能」を利用したケアが有効であり，QOL の維持につながるとの研究報告も存在する。具体的には，認知的評価と対処方法の２つからなるプログラム学習が介護者の負担軽減につながることを報告している。

また，注意深くなじみの関係を形成したうえで常同行動を利用し日常生活動作（ADL）を習慣化していくことが介護のポイントであることを指摘している。

いずれも，マンツーマンの対応を可能な限り取り入れることや，きめ細かなケアが可能なグループホームにおけるケアの有用性も報告されている。

## 2 認知症の早期発見と簡易検査

前節では，主に医学的所見から解説を行ってきたが，いずれの認知症も脳神経の衰退および死滅によるダメージが起因となっていることがわかる。しかし，MRI や CT といった画像診断には認知症が疑われる人が耐えられないケースが多く存在する。高齢になるほど正確な画像診断を実施することが難しくなってくるのである。

また，現在ではさまざまな診療科の医師が，精神医学を専門とする正確な診断を待たず簡易スケールを用いて早期発見につなげるケースが多い。ここでは，わが国で普及している，簡易スケールの紹介をすることとする。

## 1　改訂長谷川式簡易知能評価スケール（HDS-R）

長谷川和夫により作成された認知症簡易評価スケール（長谷川式 1974）をベースとして，その後その他の研究者によって改定されたものが「改訂版長谷川式簡易知能評価スケール：HDS-R」（表7-4）となっている。わが国では，長谷川式というと改訂版スケールを指すことがほとんどで，最も使用されている簡易検査と考えられる。

改訂版長谷川式簡易知能スケールでは年齢，野菜の名前をできるだけ多く述べる項目など9項目，30点満点で構成されている。検査結果として20点以下を認知症の疑いとした場合，認知症の約90％を拾い上げることができるとされている。MMSEの結果とも高い相関を示し，認知症の早期発見に期待できるスケールになっている。

## 2　Mini-Mental State Examination（MMSE）

MMSEは滝浦（2007）によると「Folstein, Folstein, & McHugh（1975）によって認知障害の検出のために作成されたスケール[(5)]」である。設問は，11項目からなり，時と場所の見当識（各5点，計10点），記銘力および記憶再生（各3点，計6点），注意および計算（5点），言語機能（3点），動作性能力：図形模写など（計6点）全部で30点満点になるようにつくられている。問題は極めてやさしいので正常の高齢者ならだれでも答えられるようになっている。このテストの考案者の報告では正常高齢者の平均点は27.6点±1.7点で，得点が24点未満の場合に認知障害が疑われるという。

## 3　国立精研式認知症スクリーニングテスト（国立精研式）

他の認知症スクリーニング検査より難度の高い設問を含んでいるのが特徴である。問題数は16で，動作性の課題を含まず，所要時間は5～10分程度である。

表7－4　改訂長谷川式簡易知能評価スケール（HDS-R）

| | | | |
|---|---|---|---|
| 1 | お歳はいくつですか？（2年までの誤差は正解） | | 0　1 |
| 2 | 今日は何年何月何日ですか？　何曜日ですか？（年月日，曜日が正解でそれぞれ1点ずつ） | 年<br>月<br>日<br>曜日 | 0　1<br>0　1<br>0　1<br>0　1 |
| 3 | 私たちがいまいるところはどこですか？<br>（自発的にでれば2点，5秒おいて家ですか？　病院ですか？　施設ですか？のなかから正しい選択をすれば1点） | | 0　1　2 |
| 4 | これから言う3つの言葉を言ってみてください。あとでまた聞きますのでよく覚えておいてください。（以下の系列のいずれか1つで，採用した系列に○印をつけておく）<br>1：　a）桜　b）猫　c）電車，　2：　a）梅　b）犬　c）自動車 | | 0　1<br>0　1<br>0　1 |
| 5 | 100から7を順番に引いてください。<br>（100-7は？，それからまた7を引くと？　と質問する。最初の答えが不正解の場合，打ち切る） | (93)<br>(86) | 0　1<br>0　1 |
| 6 | 私がこれから言う数字を逆から言ってください。<br>（6-8-2，3-5-2-9を逆に言ってもらう，3桁逆唱に失敗したら，打ち切る） | 2-8-6<br>9-2-5-3 | 0　1<br>0　1 |
| 7 | 先ほど覚えてもらった言葉をもう一度言ってみてください。<br>（自発的に回答があれば各2点，もし回答がない場合以下のヒントを与え正解であれば1点）<br>a）植物　b）動物　c）乗り物 | | a：　0　1　2<br>b：　0　1　2<br>c：　0　1　2 |
| 8 | これから5つの品物を見せます。それを隠しますのでなにがあったか言ってください。（時計，鍵，タバコ，ペン，硬貨など必ず相互に無関係なもの） | | 0　1　2<br>3　4　5 |
| 9 | 知っている野菜の名前をできるだけ多く言ってください。<br>（答えた野菜の名前を右欄に記入する。途中で詰まり，約10秒間待っても出ない場合にはそこで打ち切る）<br>0～5＝0点，6＝1点，7＝2点，8＝3点，9＝4点，10＝5点 | | 0　1　2<br>3　4　5 |
| | | 合計得点 | |

30点満点中20点以下は認知症の疑いあり。

出所：加藤伸司ほか「改訂長谷川式簡易知能評価スケール（HSD－R）の作成」『老年精神医学雑誌』第2巻第11号，p.1339。

また満点は20点である。

これらは対象者に直接面接して質問し，認知レベルを測ろうという目的でつくられたものであり，それぞれに多少の違いはあるが，認知症の有無を短時間で判別できる点で優れている。

しかし，出た点数は，(1)記憶障害がある，(2)記憶以外の知的障害もあることを見いだす手段でしかない。各種の簡易認知症診断スケールは日常生活や対人関係に支障が出ているかどうかまでは測れない。認知障害が一時的なものか，脳の神経細胞の異変によるものかどうかも測れないため，簡易認知三症診断スケールは認知症診断の補助スケールであるといえる。

しかし，どの診療科の医師であっても，短時間で認知症の疑いを診断できる点ではわが国では広く活用されており，より専門的な診断は精神医学の専門家による診断が必要となる場合がある。前述の代表的な認知症の症状を確定していくためには，精密検査が必要であるが高齢のためその検査に耐えられない場合が想定され，上記簡易スケールを用いるケースが多い。しかし，理想的には精神医学の専門家へのセカンドオピニオンを受診することが望ましい。

## 3　認知症高齢者数の推計と対策

### 1　認知症高齢者の推計

認知症はその原因疾患がそれぞれに異なるが，いずれも発症してからの治療法としては未開発の段階であり，かつ根本的な治療法に関しては長期にわたる研究が必要であると考えられる。特に，認知症によって死滅した脳内の脳神経細胞を蘇らせることは不可能であり，早期発見，早期に認知症の進行を遅らせる治療薬（現時点での薬事承認済み）を投与するしか方法がないのが現状である。

厚生労働省では，認知症の将来の推計値を予測しており（図7-2），現段階での認知症有病率が一定であると仮定した場合でも，2050年の推計では国内797万人におよび，有病率がなんらかの理由で上昇する場合，1016万人程度まで増加すると予測されている。

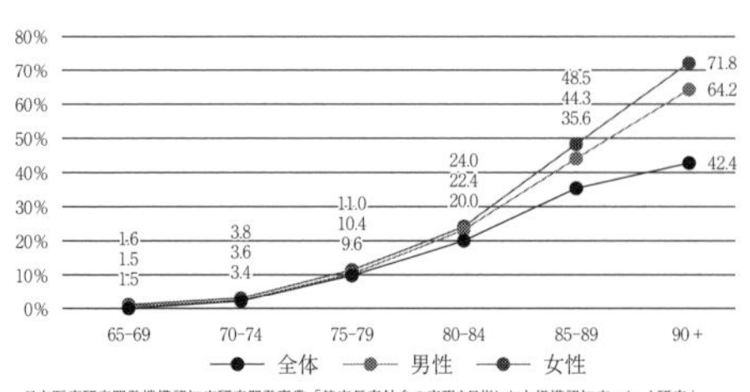


日本医療研究開発機構認知症研究開発事業「健康長寿社会の実現を目指した大規模認知症コホート研究」
悉皆調査を行った福岡県久山町、石川県中島町、愛媛県中山町における認知症有病率調査結果（解析対象5,073人）
研究代表者二宮利治（九州大学大学院）提供のデータより作図

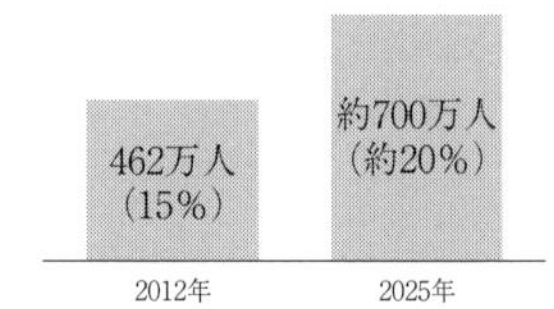


「日本における認知症の高齢者人口の将来推計に関する研究」
（平成26年度厚生労働科学研究費補助金特別研究事業九州大学二宮教授）を元に推計

認知症の人の将来推計について

| 年 | 平成24年（2012） | 平成27年（2015） | 令和２年（2020） | 令和７年（2025） | 令和12年（2030） | 令和22年（2040） | 平成32年（2050） | 平成42年（2060） |
|---|---|---|---|---|---|---|---|---|
| 各年齢の認知症有病率が一定の場合の将来推計 人数/(率) | 462万人 15.0% | 517万人 15.2% | 602万人 16.7% | 675万人 18.5% | 744万人 20.2% | 802万人 20.7% | 797万人 21.1% | 850万人 24.5% |
| 各年齢の認知症有病率が上昇する場合の将来推計(※) 人数/(率) | | 525万人 15.5% | 631万人 17.5% | 730万人 20.0% | 830万人 22.5% | 953万人 24.6% | 1016万人 27.0% | 1154万人 33.3% |

**図７－２　認知症の人の将来推計**

資料：「日本における認知症の高齢者人口の将来推計に関する研究」（平成26年度厚生労働科学研究費補助金特別研究事業九州大学二宮教授）
（※）久山町研究からモデルを作成すると，年齢，性別，生活習慣病（糖尿病）の有病率が認知症の有病率に影響することがわかった。
本推計では2060年までに糖尿病有病率が20％増加すると仮定した。
出所：厚生労働省「意見交換会の基礎資料」2023年，p.34。

このことから，認知症高齢者への社会的対応は今後も重要度を増し，その社会的ニーズは拡大する傾向にあるといえる。

第１節で述べたように，医学的な解明は進められつつあるが，現段階では脳内の神経細胞へのダメージが引き起こされる原因物質（異常なタンパク質など）を主な仮説としているが，その医学的仮説も海外の研究では否定的な見解もある。最も有効な予防ワクチンなどの開発には今世紀中に薬事承認を受けることは筆者としては否定的な見解を持っている。事実，全米の製薬各社はこれらの研究から相次いで撤退しており，それは費用対効果が低いとの理由からである。

ここで，重要となるのは認知症当事者および家族への支援と，認知症当事者への支援方法である。事実，認知症患者に対する非薬物療法（認知症ケア方法論や各種セラピーなど）での対応をはじめ，在宅サービス，施設サービスでも認知症当事者と向き合う人々の正しい知識と接し方で周辺症状（BPSD）などが緩和されるといった実践報告が多数寄せられているからである。しばらくは，これら非薬物療法を活用しながら何よりも認知症当事者と一般の社会が共生するあり方を模索するしか方法はないと考えられる。

## 2　わが国の認知症対策

厚生労働省は，2019（令和元）年6月「認知症施策推進大綱」を公表した。この大綱の「はじめに」には次のように記載されている。

我が国において2012（平成24）年で認知症の人の数は約462万人，軽度認知障害（MCI：Mild Cognitive Impairment）の人の数は約400万人と推計され，合わせると65歳以上高齢者の約4人に1人が認知症の人又はその予備軍とも言われていた。2018（平成30）年には認知症の人の数は500万人を超え，65歳以上高齢者の約7人に1人が認知症と見込まれている。

このように，認知症はだれもがなりうるものであり，家族や身近な人が認知症になることなどを含め，多くの人にとって身近なものとなっている。こうした中，認知症の人を単に支えられる側と考えるのではなく，認知症の人が認知症とともによりよく生きていくことができるよう，認知症の人の意思が尊重され，できる限り住み慣れた地域のよい環境で自分らしく暮らし続けることができる社会を実現すべく，2015（平成27）年1月に「認知症施策推進総合戦略～認知症高齢者等にやさしい地域づくりに向けて～」（新オレンジプラン）を策定し取組を進めてきたところである。

これらの大綱をとりまとめるにあたって，2018（平成30）年12月，内閣官房長官を議長，健康・医療戦略担当大臣および厚生労働大臣を副議長とし，その他13大臣を構成員とする「認知症施策推進関係閣僚会議」が設置された。13回にわたる議論の結果「認知症施策推進大綱」をとりまとめることとなった。

具体的な施策として次の5点が挙げられている[(6)]。

(1)　普及啓発・本人発信支援

認知症に関する理解促進，相談先の周知（相談先とは地域包括支援センターおよび認知症疾患医療センターなど），認知症の人本人からの発信支援などである。

⑵ 予防

「予防」とは，「認知症にならない」という意味ではなく，「認知症になるのを遅らせる」「認知症になっても進行を緩やかにする」という意味である。

⑶ 医療・ケア・介護サービス・介護者への支援

認知症医療・介護等に携わる者は，認知症の人を個性，想い，人生の歴史等を持つ主体として尊重し，できる限り各々の意思や価値観に共感し，できないことではなく，できることやできる可能性のあることに目を向けて，本人が有する力を最大限に活かしながら，地域社会の中で本人のなじみの暮らし方やなじみの関係が継続できるよう，伴走者として支援していくことが重要である。

⑷ 認知症バリアフリーの推進・若年性認知症の人への支援・社会参加支援

認知症の人も含め，さまざまな生きづらさを抱えていても，一人ひとりが尊重され，その本人に合った形での社会参加が可能となる「地域共生社会」に向けた取り組みを進めることが重要である。認知症の人の多くが，認知症になることで，買い物や移動，趣味活動など地域のさまざまな場面で，外出や交流の機会を減らしている実態がある。このため，移動，消費，金融手続き，公共施設など，生活のあらゆる場面で，認知症になってからもできる限り住み慣れた地域で普通に暮らし続けていくための障壁を減らしていく「認知症バリアフリー」の取り組みを推進する。

⑸ 研究開発・産業促進・国際展開

認知症は未だ発症や進行の仕組みの解明が不十分であり，根本的治療薬や予防法は十分には確立されていない。そのため，認知症発症や進行の仕組みの解明，予防法，診断法，治療法，リハビリテーション，介護モデル等の研究開発など，さまざまな病態やステージを対象に研究開発を進める。特に，認知症の予防法やケアに関する技術・サービス・機器等の検証，評価指標の確立を図る。

このように，複数の省庁にわたる総合的認知症施策大綱を作成し，その理解，普及，支援策などについて本格的な取り組みを展開すべく進めつつある。今後は認知症ケア方法やリハビリテーションなどのエビデンスが積み上げられ，より質の高い対応方法に期待が寄せられている。

注

(1)　日本神経学会監修『認知症診療ガイドライン』医学書院，2017年。

(2)　エーザイ株式会社 HP。米国で2023年 1 月 6 日に米国食品医薬品局（FDA）に承認。日本では2023年 9 月25日に厚生労働省による薬事承認が認可された。詳細は，以下 URL に掲載されている：https://www.eisai.co.jp/news/2023/news202359.html（2023年 9 月25日現在）。

(3)　厚生労働省による薬事承認は2023年 9 月25日に認可され，薬価などの検討作業がなされている。現段階では初期 Alzheimer 患者への点滴投与により副作用などのデータを収集し，より広範なデータを収集し臨床知見を広げていくこととなっている。検討に関する関係資料は以下の URL（厚生労働省 HP）にて掲載されている：https://www.mhlw.go.jp/content/12404000/001072589.pdf（2023年10月30日現在）。

(4)　レマネカブの価格は，現在アメリカで350万円／年程度とされているが，軽度認知障害患者が重度に移行した際に必要な介護費用なども考慮し，経済的負担を抑える意味でも「高額療養費制度」が適用される可能性（日本経済新聞 9 月27日）が検討されているとしている。日本経済新聞 HP：https://www.nikkei.com/article/DGXZQOUA265XR0W3A920C2000000/（2023年 9 月27日現在）。

(5)　滝浦孝之「認知症スクリーニング検査」『広島修道会大学論集』第48巻第 1 号，2007年。また，滝浦は HDS-R と MMSE，国立精研式の経緯やその制度などにも触れている。

(6)　大綱は厚生労働省 HP：https://www.mhlw.go.jp/content/000522832.pdf（2023年 3 月28日現在）で公表されている。

参考文献

日本神経学会監修『認知症疾患診療ガイドライン2017』医学書院，2017年。

大塚俊男・本間昭編著『高齢者のための知的機能検査の手引き』ワールドプラニング，1996年。

長谷川和夫「老年精神医学の過去・現在，そして未来」『老年精神医学雑誌』第18巻，2007年。

中島健二ほか編『認知症ハンドブック』医学書院，2013年。

中島健二ほか編『認知症ハンドブック　第 2 版』医学書院，2020年。

# 第8章　認知症への非薬物療法と支援の概念

## 1　さまざまな非薬物療法（認知症セラピー）

第７章では，認知症に関する医学的知見を中心に触れてきた。しかし，現代医学においても認知症に対する根本的治療法は確立しているとはいえず，現在も世界各国でその治療法についての研究が進められている。

一方，現代医学の限界から認知症患者に対する非薬物療法の実践的効果やその有効性も評価されつつあり，ここではその実践報告のある各種セラピーの概要について触れていくこととする。

### 1　音楽療法

人間の記憶には「短期記憶」と「長期記憶」の２種類がある。しかし，どの認知症患者にも共通している中核症状として「短期記憶」が障害される傾向がある一方，「長期記憶」である昔の思い出や，多感であった時代や仕事での体験など，印象深い記憶は保持されている方が多く，その長期記憶を中心としてアプローチする方法の一つとして実践されている。ここには，「音楽」を介在させ，その方の年代ごとに流行した歌手や歌，または音楽一般を用いる。

誰しも，青春時代や仕事上で多忙を極めた時期に，音楽を聴いて日常生活を送っていたと思われるが，その印象深い音楽を流すことによって表情に変化が現れることが見られる。その方にとって心地よい音楽が流れている間，状態が安定したり，表情が変わる方もおられることから，音楽療法として定着しつつある。

しかし，音楽療法士として独立した専門家が生業として生計を維持することが難しいことや，施設内で数時間関わっていただいていても，時間の制約上終了する時間がくる。また，特別養護老人ホームをはじめとする高齢者施設では独立した「音楽療法士」を配置することが財政上困難であることなどから，特別な行事などを通じて活用することが多い。

### 2 園芸療法

園芸療法は，同一の「長期記憶」に呼びかける方法であるが，畑仕事や農業などに従事していた方，または庭先に草花を生けていた方などは，土を使った植物の成長や，土を使用することでその感覚がよみがえる方も見受けられる。施設内で特にやるべきことがない時間があれば，植物を成長させるための手入れや収穫などに取り組み笑顔が見られる方もいる。園芸や畑仕事が可能な土地や場所を施設などが保有する必要があり，屋上庭園や，敷地内の空き地を活用しながら取り組んでいる施設もある。

課題としては，植物の生育の管理を職員集団が継続的に支援しなければならず，日常業務のなかで両立していくことに課題を有している場合が多いと考えられる。

### 3 化粧療法

高齢の女性に効果的だとされているのが，この療法である。何歳になっても女性は化粧をすることを長年続けてきた方が多い。しかし，施設内で生活をすると化粧や外出するための身だしなみを整えるということもしなくなる。しかし，高齢女性に化粧や美容院でしてもらっていたような髪の手入れなどを施して美意識を蘇らせると，しっかりとした口調で，凛とした表情を見せることもある。課題としては，施設でのケア現場では時間を要する日常的な化粧支援までは困難であることと，費用もかかることからすべての利用者に対応できないジレンマもあると考えられる。

### 4 動物介在療法（アニマルセラピー）

施設内で小動物（犬や猫など）の動物を飼育することで，動物との関わりで穏やかな表情を見せる利用者も存在する。なかなか施設で動物を飼育していくためには衛生面の配慮や，動物のメンテナンス，生き物の世話を誰が行うのかなどの問題もあり，施設独自で動物を飼育することには課題がある。

外部の小動物を中心として移動動物園などを実施している事業者などに依頼する方法もあるが費用負担が大きな障壁となる。犬や猫を実際に飼育してきた経験のある方には，表情が穏やかになり，癒しの時間を与えられる方法として効果もあるといえる。

### 5 回想法

これは，昔の記憶を呼び覚ます方法であり，たとえば仕事一筋で生活してきた方に「名刺」を作成し，名刺交換をする場面を意図的に設定する。すると，サラリーマン時代に経験してきた名刺交換から，自分の仕事や業務内容などを話してくれる方や，表情や姿勢に変化が現れるといった実践報告がある。ただし，回想法を実施することで昔の仕事を思い出し，施設から会社に行こうとする方などもまれに見られる。その場合，すでに退職している職場には行けないので施設側の職員がその対応に苦慮する場合も想定される。ただし，「長期記憶」を呼び覚まし，その人らしさを短時間でも思い起こす効果がある方法である。

以上，主に認知症セラピーという側面での言及をしてきたが，いずれも「セラピー（療法）」というどちらかといえば医学モデル，心理学的モデルをベースとしている方法である。認知症当事者の方を生活のなかで自然に支援する方法に期待が寄せられているといえる。

## 2　パーソン・センタード・ケア（Person-Centered Care）

これまで，医学的所見からの認知症の研究は，近年急速に進展してきたが，現代医学では認知症を予防することや，認知症を完治することができない。唯一認知症と判明された方に対してその進行を遅らせる薬剤が世界で活用されているが，それ以上の医学的治療には限界がある。

これまでは，いわゆる「医学モデル」または「治療モデル」ともいわれる対応方法を中心に研究や認知症当事者と向き合ってきた。しかし，認知症と診断されても，個人差はあるができることは多くある。むしろ，認知症当事者に接する周りの理解や「医学モデル」から「生活モデル」に転換することの重要性が認識されると同時に，根本的な考え方も変化してきたのである。そのなかで認知症当事者を一人の人として尊重し，対等な関係性を重んじようとする考え方が生まれてきた。

特に注目されたのは，イギリスの心理学者キットウッド（1997）によって提唱された考え方で，「疾病あるいは症状を対象にしたアプローチではなく，生活する個人を対象にしたケア」（サービスを提供する側の選択で行うケアではなく，利用者を中心として選択するケア）という概念である。今では世界共通の概念として普及するようになった。

この概念の語源には，パーソンフッド（personhood：個人性，その人らしさ）という概念があり，「そこには個人がもつユニークな独自性，聖なるものという西欧哲学やキリスト教的な概念，神の肖像としてつくられたセルフといった理念が内包されている」といった，人間哲学に基づく全人格的な対応を認知症当事者に向けていくという考え方である。

とかく，発展した現代医学に期待するあまり，当事者抜きの発想で認知症に対峙しようとしてきたが，そうではなく「生活者の視点」または「生活モデル」として，対等な一人の人間としてその人らしさを積極的に発見し，認めていこうとする考え方である。

キットウッドは，「オールドカルチャーとニューカルチャーの対比」として，オールドカルチャーでは行動・心理症状（BPSD）は上手に効率的に対応すべきものとしてきたが，ニューカルチャーではBPSDは認知症の人がなにかを伝えようとしている試みととらえ，そのメッセージを理解する努力からケアが始まるとしている。たとえば「徘徊」といった行動をとる当事者がいた場合，「徘徊」を「問題行動」というステレオタイプの発想のもとで対応してきた時期があった。しかし，「長期記憶」が残されたなかで，ふと幼少期を過ごした故郷の記憶から「そこに行こう，そこに行きたい」という感情が芽生える時がある。それを問題としてとらえるのでなく，その行動の深層にある意味を推察することで，理解を深めようとすることなどとなる。

このように，パーソン・センタード・ケアはその人中心のケアを通じて，全人格的な対応を進めていこうとする考え方なのである。

## 3　バリデーション

バリデーションとは，1963年[(1)]，アメリカのソーシャルワーカーであるナオミ・フェイルによって開発された，アルツハイマー型認知症および類似の認知症の高齢者とのコミュニケーションとして提唱された認知症ケア方法論である。

バリデーションという言葉は，心理療法の分野で古くから用いられた言葉で，「強くする，強化する」ことを意味する。このことは，認知症の方の残された能力を認め自信を持っていただくことを通じて前向きに今の状況を受け止める力を生み出そうとする考え方である。

特に「感情や感覚を尊重し，感情や感覚のレベルで応える[(2)]」ことを大切にしている。

都村（2016）は，「中核症状によって失われる認知レベル（リアリティーの認識など）に焦点を当てるのではなく，認知症を呈し，重度に至っても失われない感情レベルに焦点を当てる[(3)]」ことが，認知症の人だけでなく，家族や専門職などの介護者にとっても，より良い方法だと報告している。

また，公認日本バリデーション協会によると「混乱したお年寄りをよくしようというよりも，むしろ介護者自身が変わり，介護を受ける側の世界を理解し，再び心を通わせること[(4)]」を目指している。

また，フェイル（2001）は「身体的，社会的機能が改善されることで，植物状態へ移行するのを防ぐことができる[(5)]」とも述べている。

このバリデーションの実践や理論を支える原則について，介護者がとる行動の根拠が示されている。

・お年寄りは，一個人として，あるがまま受け入れられる必要がある

・見当識障害や認知の混乱の人を含め，すべての人は人間として価値ある存在である
・見当識障害をもつお年寄りの行動には，必ず理由がある
・人生最後の解決ステージにいる見当識障害や認知の混乱のお年寄りは，未解決の人生の課題，危機，または彼らの人生最後の仕事を解決しようと努力をしている
・最近の記憶をなくしてくると，お年寄りは昔の記憶を手繰りだしてきて，バランスをとっている
・もし目が見えにくくなったときは，心の目を使って見続けようとする。もし耳が聞こえなくなったときは，過去の音を今の音の代わりに聞くのである
・今の現実がとても苦しいものになると，昔の記憶のなかに逃げ込んだり，昔の記憶を呼び起こしたりして切り抜けようとするお年寄りもいる
・つらい悲しみの気持ちは，信頼できる聞き手によって認められ，バリデーションされることによって癒される。つらい苦しみの気持ちは，それを無視されたり禁止されたりすると，より強くなる。そして深く傷つく
・共感をもって聞くことは，信頼を築き，不安を減らし，尊厳を回復する
・人は，同時にいくつかの気づきのレベルにいる
・今現在の感情は，過去の同じような感情を蘇らせる引き金となる

このように，バリデーションは高齢者の行動の裏には必ず理由があるという考え方に基づいているため，見当識障害のある高齢者がなぜそのような行動をとるのかを理解し，受け入れることが必要である。

フェイルによると，認知症によって見当識障害のある高齢者は，⑴認知の混乱，⑵日時，季節の混乱，⑶繰り返し動作，⑷植物状態の４つの解決のステージをたどって進むとされている。もちろん，起床時には現実を認知できていた人が，数時間経つと状況を理解できなくなっているというように「一日のなかでこのような変化はあるが，大多数の人はほとんどの時間，一つのステージにとどまって[(6)]」いる。

(1)認知の混乱のステージにいる人は，時間感覚や現実に対する認識は比較的保たれ，自分自身が混乱状態にあることも自覚している。また，しっかりとした足取りで歩くことができ，相手に焦点を合わせることもできる。コミュニケーションに関しては，よく知った人などに対しては積極的に反応する一方で，よくわからないことには消極的になる。身の回りの基本的なことはほとんどできるが，自分勝手な振る舞いが多くなるなどの特徴がある。

(2)日時，季節の混乱のステージにいる人は，時間通りに行動できなくなる，実際にあったことや名前，場所などを忘れ，新しく名前を覚えることが難しくなるなどの特徴がある。他にも，自分の物を間違える，どこに置いたかわからなくなるなどの特徴もある。

(3)繰り返し動作のステージにいる人は，本人独自の時間感覚になり，目を閉じていることが多くなる。不安で歩き回ったり，休みなく指を動かし続けたりする，言葉の代わりに動作で表現するなどの特徴がある。

(4)植物状態のステージにいる人は，ほとんど寝たきり状態になり，目はほとんど閉じているようになる。また，時間の感覚がなくなり，家族や友人，スタッフなどのことを判別することができなくなる。ごくたまに，歌や優しい触れ合いに反応することはあるが，コミュニケーションはほとんどとれないなどの特徴がある。

次に，バリデーションの基本的態度とテクニックについての概要に触れておく。

バリデーションの基本的態度は，「傾聴する」「誘導しない（ペースを合わせる）」「共感する」「嘘をつかない」「強制しない（受容する）」「ごまかさない[(7)]」という6点である。

また，バリデーションには，基本的態度と同時に，14のテクニック（技術）がある。紙幅の関係で詳述は避けるが，14のテクニックについて触れておく。

1つ目は，センタリングである。センタリングとは，精神を統一，集中させることで，フェイルによると，「すべてのバリデーションのセッションは，このセンタリングのテクニックから始まる[(8)]」。介護者自身が怒りやイライラから解放されることで，相手の気持ちを心から感じとることができる。

2つ目は，事実に基づいた言葉を使うということである。

3つ目は，本人の言うことを繰り返す「リフレージング」である。

4つ目は，極端な表現を使うことである。自分の経験を大袈裟に言い返されると，より感情を表出しやすくなる[(9)]。そのため，「今までで一番悲しかったのですか？」というように，最も極端な例を示して，認知症の人の不平や不満をたずねる。

5つ目は，反対のことを想像することである。

6つ目は，思い出話をすることで，レミニシングと呼ばれる。

7つ目は，真心を込めたアイコンタクトを保つことである。

8つ目は，曖昧な表現を使うことである。「日時，季節の混乱」にいる人は，他の人には意味のよくわからない言葉を使うことがある[(10)]。そのような場合には，「それは大切なものですか？」というように，代名詞を用いて質問する。「彼」「彼女」「何か」などの代名詞が，意味のわからない言葉の代わりになるのである。コミュニケーションを維持することで，無気力状態に陥ることを防ぐ。

9つ目は，はっきりとした低い，やさしい声で話すことである。フェイルによると，「時に思いやりのあるやさしい声が，愛した人の記憶を呼び戻し，ストレスを減らす[(11)]」という。

10個目は，ミラーリングと呼ばれ，相手の動きや感情に合わせることである。

11個目は，満たされていない人間的欲求と行動を結びつけるということである。うろうろ歩く，軽くたたくなどの認知症の人がする行動が，人間が持っている「愛し愛されたい」「役に立ちたい」「感情を表出させたい」という欲求のどれとつながっているのか見極め，行動の意味を理解する。

12個目は，好きな感覚を用いるということである。「認知症の人が視覚，聴覚，運動感覚のうち，どの感覚が好みであるか見つけて働きかける[(12)]」ことで，信頼関係を築くことができる。

13個目は，タッチングである。視覚や聴力が衰え，目や耳からの刺激が閉ざされると，他の方法で他人の存在を感じなければならなくなる。信頼関係を築くために効果的な方法だが，「どのようなタッチングがどのような人に役立つのか見極めが必要である[(13)]」。

14個目のテクニックは音楽を使うということである。フェイルによると「脳の神経経路の奥深くに，子どもの頃に習った歌は年月を重ね補強されてそのまま残っている[(14)]」ため，言葉を失った，あるいは失ってきていても，幼い頃や若い頃に歌った曲は覚えていることが多い。たとえ認知症の人が歌うことができなくても，音楽はコミュニケーションを図るうえで，非常に役に立つ。

このように，認知症ケア方法論が実践レベルでも評価され，対人援助方法を通じて向き合う方法についての視座を与えており，今後の実践研究でさらに進化することも予想される。

## 4　ユマニチュード

ユマニチュードとは，「人間らしさを取り戻す」という意味をもつフランス語の造語であり，フランスの体育学の専門家であるイヴ・ジネストとロゼット・マレスコッティの二人によって開発され，「知覚」「言語」「感情」による「包括的コミュニケーション」に基づいた「ケアメソッド」であり，「人とは何か」「ケアをする人とは何か」を問う哲学と，それに基づく実践技術から成り立っている。

二人は「様々な機能が低下して他者に依存しなければならない状況になったとしても，最期の日まで尊厳を持って暮らし，その生涯を通じて人間らしい存在であり続けることを支えるために，ケアを行う人々がケアの対象者に『私はあなたのことを大切に思っています』というメッセージを常に発信する，つまりその人の人間らしさを尊重し続ける状況こそがユマニチュードの状態である」と定義づけた。

ケアを受ける人とケアをする人との間に自由・平等・友愛の精神が存在するのであれば，ケアをする人が掲げる理念・哲学と，実際に行っている行動は一致しなければならず，「自分が正しいと思っていることと，自分が実際に行っていることを一致させるための手段」として技術を用いるのだ，と二人は考えている。

そこで，ケアをする人にとって大切になるのは「相手のレベルに応じたケアを行っているか」ということを考えることであり，ケアを行う際，その目的が，「健康の回復を目指す」「現在の機能を維持する」「回復を目指すことも，現在ある機能を維持することも叶わないとき，できる限り穏やかで幸福な状態で最期を迎えられるように，死の瞬間までその人に寄り添う」のどれに当たるかをまず考えるとしている。

そして，より良い絆を結ぶための具体的な技法としてユマニチュードでは「見る」「話す」「触れる」そして「立つ」ことを援助する４つの柱が定められている。

また，ユマニチュードではすべてのケアを一連の物語のような手順，「心をつかむ５つのステップ」に沿って実施する。

ケアを始める前から終わった後までを，出会いの準備，ケアの準備，知覚の連結，感情の固定，再会の約束の５段階に分け，それぞれのステップで行うことを具体的に定めている。

⑴　出会いの準備

第一のステップ，「出会いの準備」ではまず，自分が来たことをノックで相手に知らせ反応を待つ。反応がなければ間をあけもう一度ノックする。ユマニチュードでは，ノックに対して反応があったことを確認して初めて部屋に入る。「自分が来たことを告げて相手の反応を待つ」ことを繰り返し，徐々にケアする人の存在に気づいてもらうことが大切であり，そこから関係づくりは始まるのである。

⑵　ケアの準備

第二のステップは，ケアについて合意を得るプロセスで，所要時間は20秒～３分である。ここで大切なのは，このプロセスに３分以上の時間をかけないということである。３分以内に同意を得られなければ，そのときはケアをあきらめて時間をおいて出直すことが重要である。合意のないまま行うケアは強制ケアになってしまい，ユマニチュードにおいてはたとえそれが「ケアする人が相手のためを思って必要と考えるケア」であったとしても強制的な印象を持たせたまま実行してはならないのである。施設においては時間がなく，あきらめることが難しいこともあるが，業務の流れ，職員の都合で動いてしまうと，拒否を強めてしまうことにもなりかねない。そのため，次の機会を待ち本人の意思を尊重することが求められる。

⑶　知覚の連結

ケアの合意を得ることができれば，ケアを実際に行う最も重要なステップに移る。ここで大切なのは，相手の視覚・聴覚・触覚のうち，少なくとも2つ以上の感覚へ，調和的でポジティブな情報を伝え続けることである。たとえば，「視覚からは優しい笑顔だが聴覚からはトゲのあるきつい声」「聴覚からは穏やかな声だが，触覚からは痛みを伴う触り方」のように知覚がバラバラであるとケアを受ける人はどうしても否定的な知覚に意識が向いてしまう。これがケアの拒否につながってしまうのである。そういった事態を防ぐためにも，笑顔，穏やかな声，優しい触れ方，この3つを同時に伝えることによって心地よく感じられる状態を作り出す。それをユマニチュードでは「知覚の連結」と呼んでいるのである。

⑷　感情の固定

このステップでは，ケアが終わった後，気持ちよく行えたことを相手の記憶にしっかりと残し次回のケアにつなげていく。認知症が進行した状態においても，日々感じている喜怒哀楽などの感情記憶は保たれる。そのため，行ったケアの内容を前向きに確認，評価し，共に過ごした時間を楽しく振り返ることで「この人は嫌なことをしない」というポジティブな感情記憶を残すことが大切である。ケアをする人，ケアを受ける人の二人で絆を確認し「感情の固定」を数分間行うことによって，次回同じケアを気持ちよく受け入れてくれることにつながるのだろう。

⑸　再会の約束

このステップでは，ケアが終わり相手のそばを離れる前に「再会の約束」をし，また来ることを伝える。心地よかった記憶が残っていれば，「感情の固定」によって残したポジティブな印象を持った人がまた来てくれると思い，嬉しくなったり，笑顔で迎え入れてくれたりするのではないだろうか。その約束を紙に書いて渡したり，カレンダーに書き留めたりすることも効果的である。

このように，ユマニチュードの具体的な技法は援助の方法から，具体的なステップをはじめ応用的技法には数百に及ぶとされる。しかし，根本的な「人とは何か」「ケアをする人とは何か」を問う哲学に基づく実践方法であり，日本にもその各種研修会や勉強会などが繰り広げられているところである。

このように，認知症といってもその人によってさまざまなレベルがあり，単純な理解をすることを否定しながら，どのケア方法論も「人として対等である」「人間の尊厳」など，哲学や理念を前提として進化しており，認知症当事者との「共生社会」を実現するための取り組みが全世界で展開していることを理解していただきたい。

注

(1) わが国で，老人福祉法が制定された年である。
(2) ナオミ・フェイル／藤沢嘉勝監訳／篠崎人理・高橋誠一訳『バリデーション――認知症の人との超コミュニケーション法』筒井書房，2001年，p. 5。
(3) 都村尚子「バリデーション――その有用性と課題について」『臨床精神医学』第45巻第5号，2016年，p.579。
(4) 公認日本バリデーション協会：http://validation.chu.jp/（2023年12月15日現在）。
(5) ナオミ・フェイル，前掲書，p.54。
(6) ナオミ・フェイル，前掲書，p.58。
(7) 介護福祉士養成講座編集委員『認知症の理解』中央法規出版，2019年，p.221-222。
(8) ナオミ・フェイル，前掲書，p.63。
(9) 土森美由紀「基礎講座 No.13　認知症への非薬物療法　バリデーション――認知症の方へのコミュニケーション法」『老年精神医学雑誌』第19巻第5号，2008年，p.592。
(10) ナオミ・フェイル，前掲書，p.68。
(11) ナオミ・フェイル，前掲書，p.68。
(12) 土森美由紀，前掲論文，p.592。
(13) 土森美由紀，前掲論文，p.592。
(14) ナオミ・フェイル，前掲書，p.74。

## 参考文献

黒川由紀子『認知症と回想法』金剛出版，2008年。

ナオミ・フェイル／藤沢嘉勝監訳／篠崎人理・高橋誠一訳『バリデーション――認知症の人との超コミュニケーション法』筒井書房，2001年。

土森美由紀「基礎講座 No.13　認知症への非薬物療法　バリデーション――認知症の方へのコミュニケーション法」『老年精神医学雑誌』第19巻第5号，2008年。

高見美保「認知症の人とのコミュニケーション方法」『老年精神医学雑誌』第31巻第8号，2020年。

都村尚子「バリデーション――その有用性と課題について」『臨床精神医学』第45巻第5号，2016年。

公認日本バリデーション協会：http://validation.chu.jp/（2023年12月15日現在）。

都村尚子・三田村知子・橋野建史「認知症高齢者ケアにおけるバリデーション技法に関する実践的研究」『関西福祉科学大学紀要』第14号，2010年。

本田美和子ほか『ユマニチュード入門』医学書院，2014年。

大島寿美子『「絆」を築くケア技法　ユマニチュード』誠文堂新光社，2019年。

日本ユマニチュード学会：https://jhuma.org/humanitude/（2023年12月15日現在）。

イヴ・ジネストほか『「ユマニチュード」という革命――なぜ，このケアで認知症高齢者と心が通うのか』誠文堂新光社，2016年。

イヴ・ジネストほか『家族のためのユマニチュード――“その人らしさ”を取り戻す，優しい認知症ケア』誠文堂新光社，2018年。

# 第9章　高齢者福祉に関連する法制度

## 1　老人福祉法

### 1　老人福祉法の目的

老人福祉法は，第1条において「この法律は，老人の福祉に関する原理を明らかにするとともに，老人に対し，その心身の健康の保持及び生活の安定のために必要な措置を講じ，もつて老人の福祉を図ることを目的とする」としている。今日では高齢者に関する法律の整備が進められ，老人福祉法制定当時より一層進展している。老人福祉法は第1条においてその目的を明記し，老人福祉に関する実質的な基本法として位置づけられている。

### 2　老人福祉法の基本理念

老人福祉法第2条では「老人は，多年にわたり社会の進展に寄与してきた者として，かつ，豊富な知識と経験を有する者として敬愛されるとともに，生きがいを持てる健全で安らかな生活を保障されるものとする」とその基本理念を示している。ここで，わが国の老人福祉法が「社会の進展に寄与してきた者」を前提としている点が法の性格を表しているという指摘もある。人は，地位や経験や経済力や学歴，身分，宗教のいかなる属性によることもない「人として尊ばれる」という考えがなければならない。この法規定の前提には，当時の社会的思想があったといえるが，従来の貧窮的な老人施策のみではなく，広く社会システムのなかで老人問題に対処し，これを福祉政策のなかに組み入れていくためには，上記の条文が必要であったと考えられる。

また第3条では「老人は，老齢に伴つて生ずる心身の変化を自覚して，常に心身の健康を保持し，又は，その知識と経験を活用して，社会的活動に参加するように努めるものとする」「老人は，その希望と能力とに応じ，適当な仕事に従事する機会その他社会的活動に参加する機会を与えられるものとする」との基本理念が掲げられている。

これらの基本理念は第４条第２項において「国及び地方公共団体は，老人の福祉に関係のある施策を講ずるに当たつては，その施策を通じて，前２条に規定する基本的理念が具現されるように配慮しなければならない」と定め，国及び地方公共団体の責務を明記しており，老人が健康で生きがいをもって生活が営めるようにする公的責務が定められている。

## 3　老人福祉法が規定する事業及び施設

老人福祉法の内容は，大きく在宅福祉サービス（老人居宅生活支援事業）に関するものと，施設福祉サービスに関するものとに大別できる。まず，在宅福祉サービス（老人居宅生活支援事業）に関する規定では，次の５種類に分類されている。(1)老人居宅介護等事業，(2)老人デイサービス事業，(3)老人短期入所事業，(4)小規模多機能型居宅介護事業，(5)認知症対応型老人共同生活援助事業及び複合型サービス福祉事業（第５条の２）。同法第５条の３では，「老人福祉施設」が規定され，(1)老人デイサービスセンター，(2)老人短期入所施設，(3)養護老人ホーム，(4)特別養護老人ホーム，(5)軽費老人ホーム，(6)老人福祉センター，(7)老人介護支援センターの７施設となっている。

## 4　老人福祉法に基づく福祉の措置

老人福祉法に基づく在宅・施設福祉サービスは，原則65歳以上の高齢者を対象にして，「措置制度」の下に行われてきた。しかし，2000（平成12）年の介護保険法の施行により，これらのサービスの多くは介護保険法により実施されており，市町村が行う「福祉の措置」は，やむを得ない理由により介護保険制度が利用できない場合に限り行われることとなっている。現在，市町村が例外的に「福祉の措置」をとることができるのは，(1)居宅サービス（第10条の４），(2)養護老人ホームへの入所（第11条第１項第１号），(3)特別養護老人ホームへの入所（第11条第１項第２号）等となっている。

### 5　有料老人ホーム

老人福祉法では，有料老人ホームを「老人を入居させ，入浴，排せつ若しくは食事の介護，食事の提供又はその他の日常生活上必要な便宜であつて厚生労働省令で定めるもの（中略）の供与（中略）をする事業を行う施設であつて，老人福祉施設，認知症対応型老人共同生活援助事業を行う住居その他厚生労働省令で定める施設でないものをいう」と規定している（第29条第1項）。また，2018（平成30）年「地域包括ケアシステムの強化のための介護保険法等の一部を改正する法律」施行に係る老人福祉法の一部改正（老人福祉法第29条の改正）が行われ，その運営に関して規制が強化された。

有料老人ホームは，介護保険制度における「特定施設入居者生活介護」と位置づけられ，上述した介護保険法の改正に合わせて定員要件はなくなった。そのため，参入障壁が引き下げられたことを契機に施設数が増加している。また，入居利用権の購入金額が高額であったり，施設運営が適正に行われていない場合などでは入居している高齢者に大きな被害が生ずることや，入居者保護の充実といった観点から，老人福祉法は，有料老人ホームを設置しようとする者に都道府県への事前届け出義務を課すとともに，都道府県知事に有料老人ホームへの調査を行うことと，入所者への不適切処遇が行われていたり，入所者の利益が侵害されている場合には改善命令を出すことを認めている。また，帳簿の保存と入居者等に対する情報開示の義務や，家賃等の前払い金の保全義務の設定などが強化された。

## 2　高齢社会対策基本法と高齢社会対策大綱

### 1　高齢社会対策基本法の成立

わが国の高齢社会対策の基本的枠組みは，「高齢社会対策基本法」に基づいている。同法は，参議院国民生活に関する調査会の提案により，1995（平成7）年11月に衆参両院ともに全会一致をもって成立し，同年12月から施行された。直近では2021（令和3）年9月より修正されたものが施行されている。

## 2　高齢社会対策基本法の概要

高齢社会対策基本法は，高齢社会対策を総合的に推進し，経済社会の健全な発展と国民生活の安定向上を図ることを目的とし，高齢社会対策の基本理念として，公正で活力ある，地域社会が自立と連帯の精神に立脚して形成される，豊かな社会の構築を掲げている。また，国及び地方公共団体は，それぞれ基本理念にのっとって高齢社会対策を策定し，実施する責務があるとするとともに，国民の努力についても規定している。

さらに，国が講ずべき高齢社会対策の基本的施策として，就業及び所得，健康及び福祉，学習及び社会参加，生活環境などの施策について明らかにしている。

あわせて，政府が基本的かつ総合的な高齢社会対策の大綱を定めること，政府が国会に高齢社会対策に関する年次報告書を提出すること，内閣府に特別の機関として「高齢社会対策会議」を設置することを定めている。

## 3　高齢社会対策大綱の策定

高齢社会対策大綱[(1)]は，高齢社会対策基本法によって政府に作成が義務づけられているものであり，政府が推進する高齢社会対策の中長期にわたる基本的かつ総合的な指針となるものである。

1996（平成８）年７月に最初の高齢社会対策大綱が策定されてから５年が経過し，経済社会情勢も変化したことから，2001（平成13）年５月，高齢社会対策会議（第８回）において，大綱の見直し・新たな大綱の策定を行うことが決定され，同年12月28日，高齢社会対策会議（第９回）における案の作成を経て，２度目となる高齢社会対策大綱が閣議決定された。それから10年が経過したことから，2011（平成23）年10月，高齢社会対策会議（第20回）において大綱の見直しを行うことが決定され，2012（平成24）年９月７日，高齢社会対策会議（第22回）における案の作成を経て，３度目となる高齢社会対策大綱が閣議決定された。

直近の高齢社会対策大綱は，2018（平成30）年２月16日に閣議決定された。

## 4　高齢社会対策大綱の改定

３度目となる高齢社会対策大綱が取りまとめられた2012（平成24）年以降，わが国の高齢化率（65歳以上人口割合）には一層の上昇が見られ，また，今後も上昇傾向が続くことが見込まれていた。人口の高齢化を受けて，経済・社会面では，就業，社会保障，生活，経済活動など，さまざまな分野で変化が生じていることから，2017（平成29）年６月，高齢社会対策会議（第27回）において，大綱の見直しを行うことが決定された。

同年同月から，内閣府において「高齢社会対策の基本的在り方等に関する検討会」（座長：清家篤慶應義塾大学商学部教授（肩書きは開催当時））が開催され，同年10月に検討会報告書が取りまとめられた。その後，本報告書等を踏まえ，政府内で高齢社会対策大綱の案の策定が進められ，2018（平成30）年２月16日，高齢社会対策会議（第29回）における案の決定を経て，４度目となる高齢社会対策大綱（以下，新大綱）が閣議決定された。

新大綱では，「高齢者の体力的年齢は若くなっている。また，就業・地域活動など何らかの形で社会との関わりを持つことについての意欲も高い」「65歳以上を一律に『高齢者』と見る一般的な傾向は，現状に照らせばもはや，現実的なものでなくなりつつある」と示し，「意欲ある高齢者の能力発揮を可能にする社会環境を整えること」とともに，全ての人が安心して高齢期を迎えられるような社会を作る観点から「十全な支援やセーフティネットの整備を図る必要がある」としている。また，人口の高齢化に伴って生ずる様々な社会的課題に対応することは，高齢層のみならず，若年層も含めた全ての世代が満ち足りた人生を送ることのできる環境を作ることを意味するとしている。

## 5　高齢社会対策の基本的考え方

新大綱では，高齢社会対策基本法第２条に掲げる社会が構築されることを基本理念とし，以下の３つの基本的考え方にのっとり，高齢社会対策を推進することとしている。

(1)　年齢による画一化を見直し，全ての年代の人々が希望に応じて意欲・能力をいかして活躍できるエイジレス社会を目指す。

・年齢区分でライフステージを画一化することの見直し
・誰もが安心できる「全世代型の社会保障」も見据える
(2) 地域における生活基盤を整備し，人生のどの段階でも高齢期の暮らしを具体的に描ける地域コミュニティを作る。
・多世代間の協力拡大や社会的孤立を防止
・高齢者が安全・安心かつ豊かに暮らせるコミュニティづくり
(3) 技術革新の成果が可能にする新しい高齢社会対策を志向する。
・高齢期の能力発揮に向けて，新技術が新たな視点で，支障となる問題（身体・認知能力等）への解決策をもたらす可能性に留意

## 6 高齢社会対策の分野別の基本的施策

高齢社会対策の推進の基本的考え方を踏まえ，就業・所得，健康・福祉，学習・社会参加，生活環境，研究開発・国際社会への貢献等，全ての世代の活躍推進の６つの分野で，基本的施策に関する中期にわたる指針を次のとおり定めている。

(1) 「就業・所得」

エイジレスに働ける社会の実現に向けた環境整備，公的年金制度の安定的運営，資産形成等の支援などを図ることとしている。

(2) 「健康・福祉」

健康づくりの総合的推進，持続可能な介護保険制度の運営，介護サービスの充実（介護離職ゼロの実現），持続可能な高齢者医療制度の運営，認知症高齢者支援施策の推進，人生の最終段階における医療のあり方，住民等を中心とした地域の支え合いの仕組み作りの促進などを図ることとしている。

(3) 「学習・社会参加」

学習活動の促進，社会参加活動の促進などを図ることとしている。

(4) 「生活環境」

豊かで安定した住生活の確保，高齢社会に適したまちづくりの総合的推進，交通安全の確保と犯罪，災害等からの保護，成年後見制度の利用促進などを図ることとしている。

(5) 「研究開発・国際社会への貢献等」

先進技術の活用及び高齢者向け市場の活性化，研究開発等の推進と基盤整備，諸外国との知見や課題の共有などを図ることとしている。

(6) 「全ての世代の活躍推進」

全ての世代の人々が高齢社会での役割を担いながら，積極的に参画する社会を構築するための施策の推進を図ることとしており，各分野でニッポン一億総活躍プラン（2016年6月2日閣議決定），働き方改革実行計画（2017年3月28日働き方改革実現会議決定），新しい経済政策パッケージ（2017年12月8日閣議決定）等との連携も進めていく。

## 7　高齢社会対策の推進体制等

高齢社会対策を総合的に推進するため，高齢社会対策会議において，本大綱のフォローアップ等重要事項の審議等を行うこととしている。また，高齢社会対策の推進に当たっては，65歳以上を一律に「高齢者」と見る一般的な傾向が現実的なものでなくなりつつあることを踏まえ，70歳やそれ以降でも個々人の意欲・能力に応じた力を発揮できる社会環境づくりを推進するとの基本方針に立って，以下の点に留意することとしている。

(1) 内閣府，厚生労働省その他の地方公共団体を含む関係行政機関の間に緊密な連携・協力を図るとともに，施策相互間の十分な調整を図ること。

(2) 本大綱を実効性のあるものとするため，各分野において「数値目標」及び「参照指標」を示すこと。また，政策評価，情報公開等の推進により，効率的かつ国民に信頼される施策を推進すること。

(3) 「数値目標」とは，高齢社会対策として分野別の各施策を計画的かつ効果的に進めていくに当たっての目標として示すものであること。短期的な中間目標として示すものについては，その時点の達成状況を踏まえ，一層の進捗を図ること。「参照指標」とは，我が国の高齢社会の状況や政策の進捗を把握し，課題の抽出，政策への反映により，状況の改善，展開を図るためのものであること。

(4) エビデンスに基づく政策形成の推進を図ること。このため，高齢化の状況及び高齢社会対策に係る情報の収集・分析・評価を行うとともに，これらの情報を国民に提供するために必要な体制の整備を図ること。

(5) 高齢社会対策の推進について広く国民の意見の反映に努めるとともに，国民の理解と協力を得るため，効果的な広報，啓発及び教育を実施すること。

なお，本大綱については，政府の高齢社会対策の中長期的な指針としての性格に鑑み，経済社会情勢の変化等を踏まえておおむね5年を目途に必要があると認めるときに，見直しを行うこととしている。

## 3　国際高齢者年

国際連合は，1992年，第47回国連総会において，1999年を国際高齢者年とする決議を採択した。国際高齢者年の目的として，「高齢者のための国連原則」(the United Nations Principles for Older Persons) を促進し，これを政策及び実際の計画・活動において具体化することを目的としている。そして，「国際高齢者年のテーマ」を，「すべての世代のための社会をめざして」(towards a society for all ages) とした。高齢化問題は，高齢者が置かれている状況，個人の生涯にわたる発達，世代間の関係，社会開発との関係等，多くの次元，分野，世代に関わる問題であることに鑑み，このテーマが定められた。

国際高齢者年に向けた国連での動きは，以下のとおりである。1996年7月，国連社会開発委員会による準備作業のためのサポート・グループが設立され，関心国が参加して活動が開始された (1998年2月「協議グループ」に名称変更)。1997年9月，国際高齢者年に関する事務総長報告書が第52回総会に提出され，また，同年12月，国連総会において，同事務総長報告書を評価するほか，国連機関，各国，NGO 等による準備作業を奨励するとの趣旨を含む決議が採択された。1998年2月には，国連広報局にて作成の国際高齢者年ロゴマークが発表されることとなった。

この国際高齢者年 (International Year of Older Persons) は，次の5つの原則から構成されている。

(1) 自立 (independence)

高齢者は，

・収入や家族・共同体の支援及び自助努力を通じて十分な食料，水，住居，衣服，医療へのアクセスを得るべきである。

・仕事，あるいは他の収入手段を得る機会を有するべきである。

・退職時期の決定への参加が可能であるべきである。

・適切な教育や職業訓練に参加する機会が与えられるべきである。

・安全な環境に住むことができるべきである。

・可能な限り長く自宅に住むことができるべきである。

⑵　参加（participation）

高齢者は，

・社会の一員として，自己に直接影響を及ぼすような政策の決定に積極的に参加し，若年世代と自己の経験と知識を分かち合うべきである。

・自己の趣味と能力に合致したボランティアとして共同体へ奉仕する機会を求めることができるべきである。

・高齢者の集会や運動を組織することができるべきである。

⑶　ケア（care）

高齢者は，

・家族及び共同体の介護と保護を享受できるべきである。

・発病を防止あるいは延期し，肉体，精神の最適な状態でいられるための医療を受ける機会が与えられるべきである。

・自主性，保護及び介護を発展させるための社会的及び法律的サービスへのアクセスを得るべきである。

・思いやりがあり，かつ安全な環境で保護，リハビリテーション，社会的精神的刺激を得られる施設を利用することができるべきである。

・いかなる場所に住み，あるいはいかなる状態であろうとも，自己の尊厳，信念，要求，プライバシー及び自己の介護と生活の質を決定する権利に対する尊重を含む基本的人権や自由を享受することができるべきである。

⑷　自己実現（self-fulfillment）

高齢者は，

・自己の可能性を発展させる機会を追求できるべきである。

・社会の教育的，文化的，精神的，娯楽的資源を利用することができるべきである。

(5) 尊厳（dignity）

高齢者は，

・尊厳及び保障を持って，肉体的，精神的虐待から解放された生活を送ることができるべきである。

・年齢，性別，人種，民族的背景，障害等に関わらず公平に扱われ，自己の経済的貢献に関わらず尊重されるべきである。

以上のように，国際的に高齢者の支援を広げていこうとする願いが込められている[(2)]。

## 4 高齢者医療制度の改革

老人保健制度は2007（平成19）年度まで設けられていたが，2008（平成20）年度より新たな医療制度に変更された。これまで老人保健制度によって提供されてきた医療の費用については，国，都道府県，市町村が負担する公費とともに，各医療保険者がそれぞれ負担する老人医療費拠出金によって賄われてきた。これは，被用者保険と国民健康保険の間で，一人当たり医療費の高い老人の加入の割合に偏りがあることから，老人加入率にかかわらず公平に老人医療費を分担する仕組みとして導入された。しかし，この老人保健制度は，独立した保険制度ではなく，被用者保険と国民健康保険が，運営主体の市町村に対して費用を拠出する仕組みになっていることから，(1)高齢者の医療費について，高齢者自身の負担と若者による負担の分担のルールが不鮮明であること，(2)運営主体と実質的な費用負担が乖離しており，制度運営の責任主体が不明確となっていること等の問題が指摘されていた（図9－1参照）。

医療費の動向では，今後の急速な高齢化の進展に伴い，一人当たり医療費の高い高齢者が増えていくことにより，医療費の増大は避けられないと考えられる。

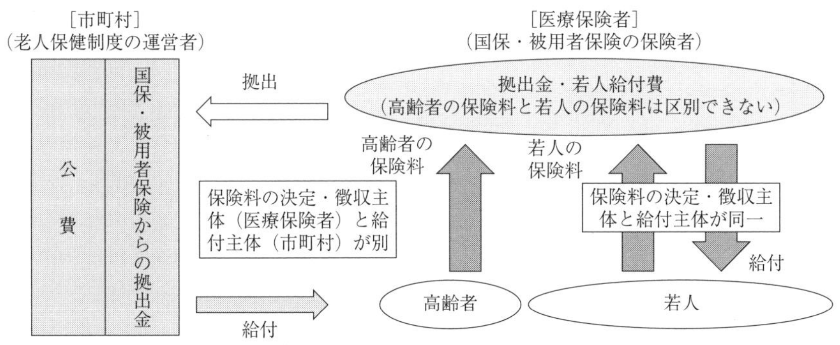


**図9－1　老人保健制度における医療費の負担構造**

出所：『平成20年版高齢社会白書（全体版）』：http://www8.cao.go.jp/kourei/whitepaper/w-2008/zenbun/html/s2-3-2-05.html（2023年3月30日現在）。

老人医療費の増加の要因として，生活習慣病患者・予備群の増加による外来医療費の増加，入院の長期化による入院医療費の増加などが挙げられる。また，一般患者と比較して，一人当たりの診療費が高く，また入院，外来とも受診率が高い傾向にある。これらの状況から，「健康保険法等の一部を改正する法律」が2006（平成18）年6月に成立し，国民皆保険を堅持し，将来にわたり医療保険制度を持続可能なものとしていくため，医療費適正化の総合的な推進，新たな高齢者医療制度の創設，保険者の再編，統合等所要の措置を講ずることとされ，段階的に実施することとなった。

**図9－4**のように，2017（平成29）年度では75歳以上の後期高齢者医療制度の予算，および65歳以上75歳未満の前期高齢者の医療費予算，65歳未満が加入する各種医療保険の財政状況が理解できる。今後，**図9－3**のように，国民医療費は国民所得を上回る伸びが示され，さらに75歳以上の後期高齢者の増加による医療費の増大や健康寿命を延伸するための健康維持に向けた取り組みが期待される。

○　75歳以上の高齢者については，その心身の特性や生活実態等を踏まえ，平成20年度に独立した医療制度を創設する。
○　あわせて，65歳から74歳の高齢者については，退職者が国民健康保険に大量に加入し，保険者間で医療費の負担に不均衡が生じていることから，これを調整する制度を創設する。
○　現行の退職者医療制度は廃止する。ただし，現行制度からの円滑な移行を図るため，平成26年度までの間における65歳未満の退職者を対象として現行の退職者医療制度を存続させる経過措置を講ずる。

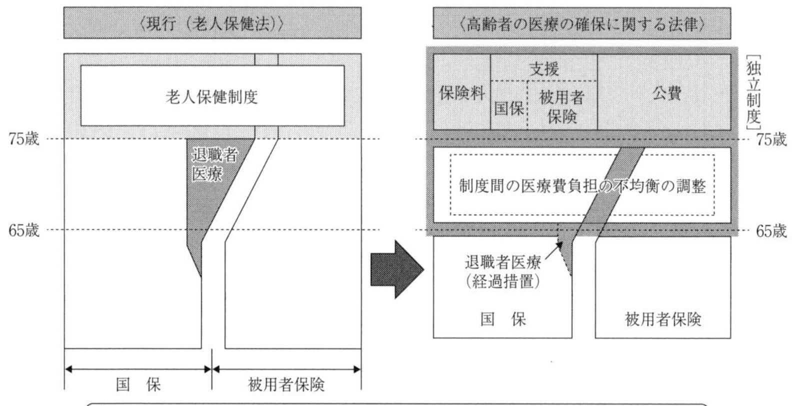


“長寿医療制度”（後期高齢者医療制度）とは，高齢者の医療費を国民全体で支える仕組みです。

① 75歳以上の方お一人おひとりに，被保険者証を1枚，交付

② 保険料は，平均的には，国保と比べて低い

・基礎年金（月額6,6万円）だけの単身・夫婦
1人 月額1,000円（←国保2,800円）
・平均的な厚生年金（月額16,7万円）の単身・夫婦
夫 月額5,800円（← 〃 7,700円）

※一番普及している算定方式によるものであり，負担が増える場合がある。

③ 窓口負担は，これまでと同様，原則1割
（現役並みの所得がある方は，3割）

④ ご自身の担当医を持つことが可能に

⑤ 年金からの保険料の支払いにより，銀行などで納めて頂く手間や行政の無駄なコストを削減

⑥ これまで負担がなかったサラリーマンの被扶養者については，保険料を軽減

・平成20年4月～9月　0円
・平成20年10月～21年3月　本来の保険料の1割（平均350円/月）

図9－2　新たな高齢者医療制度の創設（2008年4月）

出所：『高齢社会白書（平成20年版）』ぎょうせい，2008年，p.99。

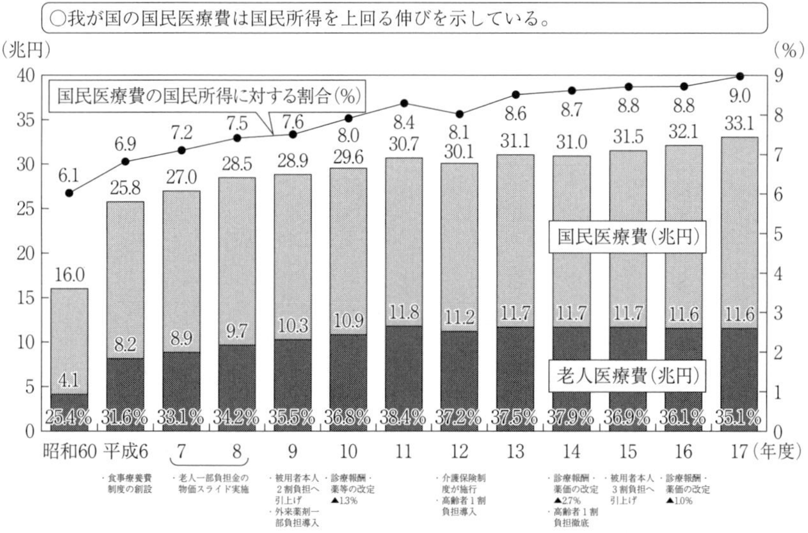


図9－3　医療費の動向

出所：『平成20年版高齢社会白書（全体版）』http://www8.cao.go.jp/kourei/whitepaper/w-2008/zenbun/html/s2-3-2-05.html（2009年1月25日現在）。

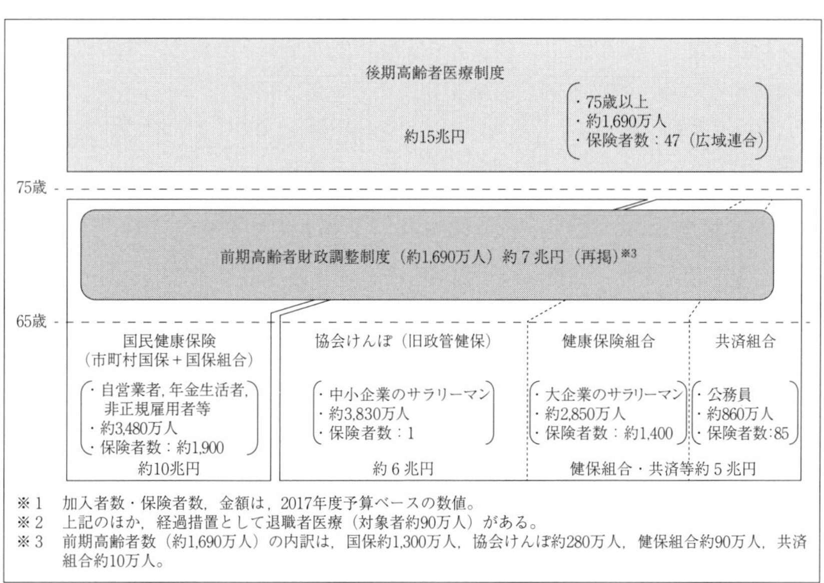


図9－4　公的医療保障制度の体系（2017年度時点）

出所：『平成29年厚生労働白書』p.97。

## 5　高齢者虐待防止法

「高齢者虐待の防止，高齢者の養護者に対する支援等に関する法律」（以下，高齢者虐待防止法）は，2005（平成17）年に制定され，翌年，2006（平成18）年4月より施行されることとなった。介護保険制度の大幅な改正（2005年）と合わせるように制定し，同年に新しい相談機関として地域包括支援センターが設置されることとなった。高齢者虐待防止および権利擁護相談は，地域包括支援センターに所属する社会福祉士，主任ケアマネジャー，保健師などがその相談を受け付けることとなった。

わが国において，高齢者虐待研究の歴史は浅く，近年になってさまざまな研究者によって明らかにされようとしている。わが国で最初に高齢者虐待について触れたのは精神科医の金子（1987）であった。金子[(3)]は関係する医療現場で把握された高齢者虐待や新聞紙上で掲載された高齢者虐待を中心にまとめている。また，歴史的視点からも古くから高齢者虐待に該当する事例が存在していたことを指摘していた。しかし，数量的な実態調査でなかったため，その後の実態調査研究を待つこととなる。量的調査研究で実施されたものとしては1994（平成6）年に田中によって行われた「高齢者の福祉施設における人間関係の調整に係わる総合的研究」が最初の高齢者虐待の実態調査である。また，高齢者虐待調査委員会（中村，細矢，山口）による「高齢者虐待調査報告」，1996（平成8）年の「老人虐待と支援に関する研究――埼玉県市町村保健婦に対する実態調査から」（高崎，佐々木，谷口）による調査，1997（平成9）年には，「高齢者虐待の全国実態調査――保健・福祉機関調査より」（大国，津村，臼井）などの調査が行われた。これらの研究において，高齢者虐待の定義をどこに位置させるかによって統計上の差異が生じるが，いずれの調査も，田中（またはウルフ）の定義を修正したもので，虐待の定義を5分類（身体的暴力による虐待，心理的傷害を与える虐待，性的暴力による虐待，介護等の日常生活上の世話の放棄・拒否・怠慢による虐待，経済的虐待）を基礎として実施している。また，2004（平成16）年に財団法人医療経済研究・社会保険福祉協会医療経済研究機構が実施した「家庭内における高齢者虐待に関する調査」では，在宅介護サービス事業所等の関係機関及び全国の市区町村合計約２万か所への大規模調査を実施した。その結果，担当ケアマネジャーから寄せられた回答では「心理的虐待」が63.6％と最も多く挙げられ，自治体関係者からの回答では「経済的虐待」が約３割を占めていた。

これら先行研究のなかで，徐々に明らかになってきた高齢者虐待の実態は，社会的課題として注目されるようになり，2005（平成17）年11月に「高齢者虐待防止法」が可決成立，2006（平成18）年４月１日から施行されることとなった。

### 1　高齢者虐待防止法の目的

「この法律は，高齢者に対する虐待が深刻な状況にあり，高齢者の尊厳の保持にとって高齢者に対する虐待を防止することが極めて重要であること等にかんがみ，高齢者虐待の防止等に関する国等の責務，高齢者虐待を受けた高齢者に対する保護のための措置，養護者の負担の軽減を図ること等の養護者に対する養護者による高齢者虐待の防止に資する支援」のための措置を定めたものである。

### 2　高齢者虐待防止法における定義

⑴　この法律において「高齢者」とは，65歳以上の者をいう。

⑵　この法律において「養護者」とは，高齢者を現に養護する者であって養介護施設従事者等以外の者をいう。

⑶　虐待の定義は以下のとおりである。

・イ：高齢者の身体に外傷が生じ，又は生じるおそれのある暴行を加えること（身体的虐待）。

・ロ：高齢者を衰弱させるような著しい減食又は長時間の放置，養護者以外の同居人によるイ，ハ又はニに掲げる行為と同様の行為の放置等養護を著しく怠ること（介護放棄，ネグレクト）。

・ハ：高齢者に対する著しい暴言又は著しく拒絶的な対応その他の高齢者に著しい心理的外傷を与える言動を行うこと（精神的虐待）。

・ニ：高齢者にわいせつな行為をすること又は高齢者をしてわいせつな行為をさせること（性的虐待）。

・ホ：養護者又は高齢者の親族が当該高齢者の財産を不当に処分することその他当該高齢者から不当に財産上の利益を得ること（経済的虐待）。

### 3　国及び地方公共団体の責務等

国及び地方公共団体は，高齢者虐待の防止，高齢者虐待を受けた高齢者の迅速かつ適切な保護及び適切な養護者に対する支援を行うため，関係省庁相互間その他関係機関及び民間団体の間の連携の強化，民間団体の支援その他必要な体制の整備に努めなければならない（第３条第１項）。

### 4　立入調査

市町村長は，養護者による高齢者虐待により高齢者の生命又は身体に重大な危険が生じているおそれがあると認めるときは，介護保険法第115条の39第２項の規定により設置する地域包括支援センターの職員その他の高齢者の福祉に関する事務に従事する職員をして，当該高齢者の住所又は居所に立ち入り，必要な調査又は質問をさせることができる（第11条第11項）。

### 5　警察署長に対する援助要請等

市町村長は，前条第１項の規定による立入り及び調査又は質問をさせようとする場合において，これらの職務の執行に際し必要があると認めるときは，当該高齢者の住所又は居所の所在地を管轄する警察署長に対し援助を求めることができる（第12条第１項）。

このように，法制定によって高齢者への虐待行為の一定の歯止めや防止，啓発活動などが行われる足がかりができた。また，これら高齢者虐待防止法の施行と同年，介護保険法の一部改正が行われた。その介護保険法改正に伴って「地域包括支援センター」が位置づけられ（介護保険法第115条の46），市町村が直接対応する場合や，民間の地域賦活支援センターへ業務委託することができるとしている。

図9－5では，市町村及び地域包括支援センターを通じて寄せられた高齢者虐待相談の件数を表示しているが，微増傾向にあることがわかる。これらの対応として厚生労働省では「高齢者虐待防止マニュアル(4)」などを公布し，早期発見，早期対応を呼びかけている。

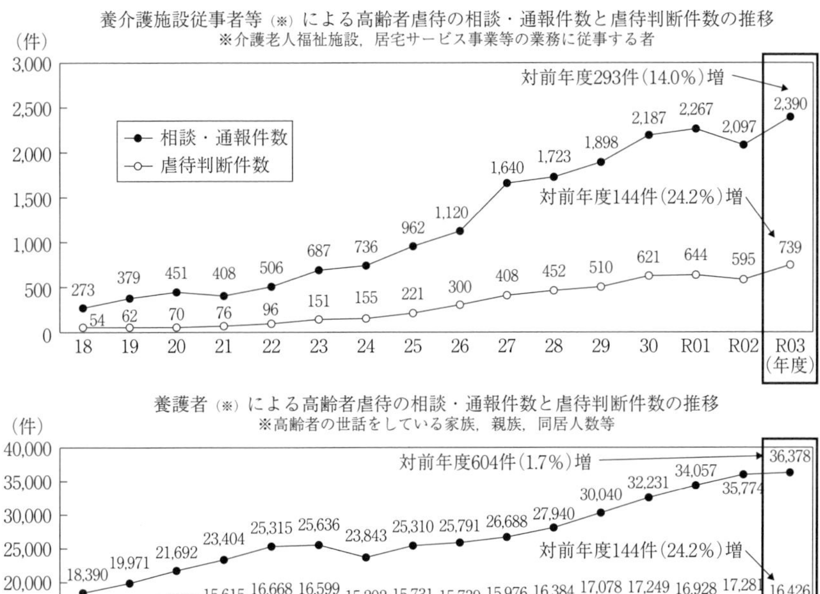


**図9－5　高齢者虐待対応状況の推移**

出所：厚生労働省「令和３年度『高齢者虐待の防止，高齢者の養護者に対する支援等に関する法律』に基づく対応状況等に関する調査結果」: https://www.mhlw.go.jp/stf/houdou/0000196989_00024.html（2023年３月30日現在）。

注

(1) 内閣府「高齢社会対策大綱」: https://www8.cao.go.jp/kourei/measure/taikou/h29/hon-index.html（2023年3月30日現在）。

(2) 詳細は，国際連合広報センター「今年は国際高齢者年」: https://www.unic.or.jp/news_press/features_backgrounders/1490/（2023年3月30日現在）。

(3) 金子善彦『老人虐待』星和書店，1987年。

(4) 厚生労働省ウェブサイトを見ると，直近では令和5年度版が最新となっている。: https://www.mhlw.go.jp/content/12300000/001148565.pdf（2023年12月15日現在）。

# 第10章　高齢者を支える権利擁護体制

## 1　成年後見制度

### 1　成年後見制度の概要

1999（平成11）年12月1日第146回臨時国会において，任意後見契約に関する法律案等関連四法案が可決され，成立した。この法律は「民法の一部を改正する法律」として，従来の禁治産・準禁治産の制度を改正し，新たに法定後見制度の改正（補助・保佐・後見の三類型化と成年後見人等の権限規定の充実等）を内容とする法律改正と，成年後見制度を創設し，判断能力の不十分な高齢者等を法的に保護するシステムとして2000（平成12）年4月1日より施行された。

この成年後見制度の特徴は，高齢社会への対応および知的障害者・精神障害者等の福祉の充実の観点から，自己決定権の尊重，残存能力の活用，ノーマライゼーション等の理念と従来の本人の保護理念との調和を旨として，柔軟かつ弾力的な利用しやすい制度として検討され制定されたものであり，社会福祉の理念を基本とする法整備の一つとして位置づけられている。この法律の制定によって，「行為無能力者」という概念はなくなった。特に，禁治産・準禁治産という用語から差別的な意味合いを感じさせることや，戸籍謄本にそのことを記載しなければならないなどのことから家族・親族などに宣告自体を拒否されたり，新たな差別への被害が広がる恐れなどの問題が指摘されてきた。

また，禁治産・準禁治産宣告を受けた場合，その後の法的権限が著しく制限され，日常生活用品も自由に購入することができないなど，宣告者への保護的機能を強調した法規定であった。しかし，民法改正により，「自己決定権の尊重」を中心とする精神から，「被後見人の行為は，被後見人又は後見人が取り消すことができる。ただし，日常生活に必要な範囲の行為は，取り消すことができない」とし，柔軟な対応と，本人の意思を尊重した対応を可能としている。

ここで，成年後見制度の代表的な特徴を４つに分類し，その法解釈や運用上の問題点について触れることとする。

(1)　禁治産・準禁治産の制度を，補助・保佐・後見の３類型に改め，それぞれ「補助人」「保佐人」「成年後見人」が選任され本人を保護する。

(2)　後見制度および保佐制度の改正

・ア：配偶者法定後見人制度を廃止し，家庭裁判所による選任を行う

・イ：複数後見人・法人成年後見人制度の導入

(3)　身上配慮義務および本人の意思尊重

(4)　監督体制の充実

(5)　任意後見制度の新設

問題点として挙げられるのはまず，制度全体を通じて「申立権者」の規定である。補助・保佐・後見に関わる家庭裁判所への申請は，本人・配偶者・４親等内の親族または検察官が申請者となることができるとしている。また，申請にあたっては身寄りのない認知症高齢者・知的障害者・精神障害者等に対する補助・保佐・後見の開始の申立権を市町村長に付与する規定を，老人福祉法・知的障害者福祉法・精神保健及び精神障害者福祉法の改正により盛り込んでいる。

したがって，本人・親族などからの申請が困難または不可能な場合など，市町村長の裁量により，申立ができることになっている。また，2005（平成17）年に，市町村長の申立権の範囲について，従来の４親等内の親族から２親等内の親族確認に変更され，親族がいる限りにおいては，それを最優先させることとなる。簡単には市町村申立を行うことはできないが，市町村申立の件数は年々増加傾向にある。

また，任意後見制度が新設された。これは老化や認知症などで判断能力が衰えた時に備えて，事前に「任意後見人」を指定しておき，判断能力が不十分になった時に，財産管理・身上監護の事務について代理権を与える「任意後見契約」を結んでおくものである。

○　成年後見制度の各事件類型における利用者数はいずれも増加傾向にある。
○　令和４年12月末日時点の利用者数については，成年後見の割合が約72.8%，保佐の割合が約20.0%，補助の割合が約6.1%，任意後見の割合が約1.1%となっている。

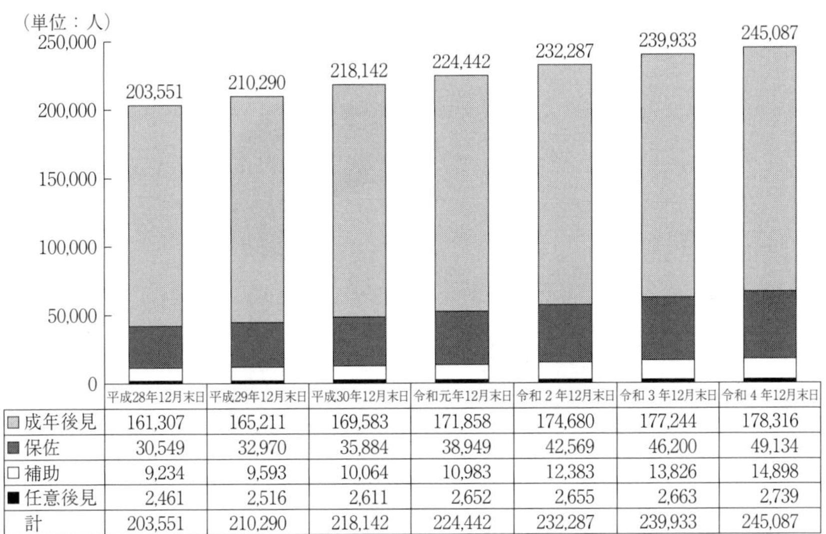


| | 平成28年12月末日 | 平成29年12月末日 | 平成30年12月末日 | 令和元年12月末日 | 令和２年12月末日 | 令和３年12月末日 | 令和４年12月末日 |
|---|---|---|---|---|---|---|---|
| ▨成年後見 | 161,307 | 165,211 | 169,583 | 171,858 | 174,680 | 177,244 | 178,316 |
| ■保佐 | 30,549 | 32,970 | 35,884 | 38,949 | 42,569 | 46,200 | 49,134 |
| □補助 | 9,234 | 9,593 | 10,064 | 10,983 | 12,383 | 13,826 | 14,898 |
| ■任意後見 | 2,461 | 2,516 | 2,611 | 2,652 | 2,655 | 2,663 | 2,739 |
| 計 | 203,551 | 210,290 | 218,142 | 224,442 | 232,287 | 239,933 | 245,087 |

**図10－1　成年後見制度の利用者数の推移（2017～2022年）**

出所：厚生労働省「成年後見制度の現状」：https://www.mhlw.go.jp/content/001102138.pdf（2023年12月15日現在）。

## 2　成年後見事件の推移

厚生労働省の発表では，成年後見関係事件（後見開始，保佐開始，補助開始及び任意後見監督人選任事件）の申立件数は年々増加傾向にあり，特に「成年後見」の審判が最も多くなっている。

このように，制度発足当時は毎年２万人から３万人の規模であった後見開始の審判の申立件数が，近年は24万件に増加している。

また，申立人は当初は本人の子が最も多かったが，近年の傾向として市町村申立が全体の約23.3%を占め，次いで本人の子が20.9%となっている。

家庭裁判所の審判の傾向として，専門職後見人として活動している，弁護士，司法書士，社会福祉士などが受任する傾向があり，法理的処理に不慣れな親族後見の割合が減少傾向にある。このことは，後見事務に慣れない親族における不適切事例を減らす意味もあり，専門職後見人が選任される傾向にある。

○ 申立人については，市区町村長が最も多く全体の約23.3％を占め，次いで本人の子（約20.9％），本人（約20.8％）の順となっている。

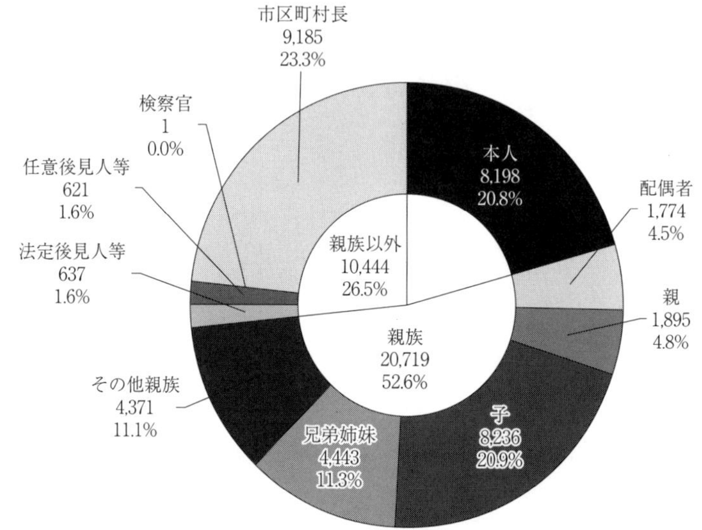


図10－2 成年後見関係事件における申立人と本人の関係別割合（2021）

注１：後見開始，保佐開始，補助開始及び任意後見監督人選任事件の終局事件を対象としている。
注２：「その他親族」とは，配偶者，親，子及び兄弟姉妹を除く，四親等内の親族をいう。
出所：図10－1と同じ。

## 3 成年後見制度の課題

成年後見制度発足以来，その制度利用者は増加傾向にあるが，近年国際連合から日本の成年後見制度に関する勧告を受けており，日本の成年後見制度が差別的であると指摘された。その理由として，国連は同制度について「民法の下で，障害者，特に知的障害のある人の法的能力の制限を許可し，代替の意思決定システムを永続させることにより，障害者が法の前に平等に認められる権利を否定する法的規定」であるとしている。以下に国連勧告の内容を示す。

懸念すべき事項

(ア) 代理意思決定体制度を廃止するために，すべての差別的な法的規定および政策を廃止し，すべての障害者が法の前に平等に認められる権利を保証するために民法を改正すること。

(イ) すべての障害者が必要とする支援のレベルや形態にかかわらず，すべての障害者の自律性，意志および選好を尊重する，支援された意思決定のメカニズムを確立すること[(1)]。

以上のようなことが，国連の障害者権利条約との整合性からの指摘であった。

この勧告の趣旨として，本人の意思決定権を積極的に保護する世界的傾向にあり，日本の財産管理を中心としたあり方や，意思決定に介入する機能などを構築する必要性があると考えられている。そのため，政府は2017（平成29）年3月24日に閣議決定された成年後見制度利用促進基本計画を公表した。成年後見制度の利用者がメリットを実感できる制度・運用へ改善を進めることが目標とされ，後見人等が本人の特性に応じた適切な配慮を行うことができるよう，意思決定支援のあり方についての指針の策定に向けた検討が進められるべきであるとされている。

## 2　日常生活自立支援事業

### 1　日常生活自立支援事業の概要

「日常生活自立支援事業」は，判断能力が不十分な高齢者や障害者などの自立を支援するため，福祉サービス利用の援助や日常的な金銭管理サービスを行うもので，2000（平成12）年の介護保険制度導入とともに，社会福祉の増進のための社会福祉事業法等の一部を改正する等の法律の施行により，第2種社会福祉事業として位置づけられた。事業の実施主体は，各都道府県社会福祉協議会となっており，事業実施にあたっては都道府県社会福祉協議会に，(1)「福祉サービス利用援助事業が都道府県の区域内においてあまねく実施されるために必要な事業」，(2)「当該事業に従事する者の資質の向上のための事業」，(3)「福祉サービス利用援助事業に関する普及及び啓発の実施」が義務づけ（社会福祉法第81条）られている。

また，実施主体は都道府県社会福祉協議会又は指定都市社会福祉協議会としている。ただし，事業の一部を，市区町村社会福祉協議会等（基幹的社会福祉協議会）に委託できるとしている。事業の対象者は，判断能力が不十分な認知症高齢者・知的障害者・精神障害者などで，本事業のサービスを受けるためには，本人との契約に基づくサービス利用契約を締結しなければならず，上記対象者の民法契約における契約能力を有していることが前提となっている。

### 2　日常生活自立支援事業の特徴

・都道府県社会福祉協議会の支援（社会福祉法第81条）

・援助内容は，福祉サービスの利用援助，日常的金銭管理，通帳等の書類保管など

・福祉サービス利用援助契約を締結する，契約制度

・契約能力がある者を対象とし，判断が難しい場合は「契約締結審査会」で判断する

・生活支援員の専門性・雇用形態に関する基準がない

・有料のサービスであり，費用は地域により異なる

上記が日常生活自立支援事業の特徴的内容である。

成年後見制度との違いは，本人に契約能力がある場合は福祉サービス利用援助事業を利用できるが，契約能力（事理弁識能力）がない場合は，家庭裁判所への後見開始の審判を行うこととなる。

## 3　意思決定支援

このように，国連勧告をはじめ先進国のステージとして，当事者本人の「意思決定権」を重視した支援へと移行しつつある。また，すでにイギリスでは，2005年に「意思決定能力法」（The Mental Capacity Act 2005）が制定されており，本人の意思を尊重した取り組みを行うとしている。

厚生労働省も，2020（令和２）年に「意思決定支援を踏まえた後見事務のガイドライン[(2)]」を公表しており，このガイドラインで定義する「意思決定支援」とは「特定の行為に関し本人の判断能力に課題のある局面において，本人に必要な情報を提供し，本人の意思や考えを引き出すなど，後見人等を含めた本人

に関わる支援者らによって行われる，本人が自らの価値観や選好に基づく意思決定をするための活動をいう[3]」としている。

また，「意思決定能力」について，支援を受けて自らの意思を自分で決定することのできる能力であるが，意思決定を行う場面では通常次の４つの要素が必要と考えられる。

(1)　意思決定に必要な情報を理解すること（情報の理解）

(2)　意思決定に必要な情報を記憶として保持すること（記憶保持）

(3)　意思決定に必要な情報を選択肢の中で比べて考えることができること（比較検討）

(4)　自分の意思決定を口頭又は手話その他の手段を用いて表現すること（意思の表現[4]）

さらに，(1)意思決定支援の基本原則として，次の３つを挙げている。

・第１：全ての人は意思決定能力があることが推定される。

・第２：本人が自ら意思決定できるよう，実行可能なあらゆる支援を尽くさなければ，代行決定に移ってはならない。

・第３：一見すると不合理にみえる意思決定でも，それだけで本人に意思決定能力がないと判断してはならない。

また，(2)代行決定への移行場面・代行決定の基本原則としては次の４つを挙げている。

・第４：意思決定支援が尽くされても，どうしても本人の意思決定や意思確認が困難な場合には，代行決定に移行するが，その場合であっても，後見人等は，まずは，明確な根拠に基づき合理的に推定される本人の意思（推定意思）に基づき行動することを基本とする。

・第５：本人の意思推定すら困難な場合，又は本人により表明された意思等が本人にとって見過ごすことのできない重大な影響を生ずる場合には，後見人等は本人の信条・価値観・選好を最大限尊重した，本人にとっての最善の利益に基づく方針を採らなければならない。

・第６：本人にとっての最善の利益に基づく代行決定は，法的保護の観点からこれ以上意思決定を先延ばしにできず，かつ，他に採ることのできる手段がない場合に限り，必要最小限度の範囲で行われなければならない。
・第7：一度代行決定が行われた場合であっても，次の意思決定の場面では，第1原則に戻り，意思決定能力の推定から始めなければならない[(5)]。

以上のように，本人の意思決定を支援する観点からの実務上の取り扱いを示している。これと関連して，2018（平成30）年に「認知症の人の日常生活・社会生活における意思決定支援ガイドライン[(6)]」も公表しており，これら各種ガイドラインを参考に意思決定支援のあり方について示している。今後は，これらのガイドラインに基づく関係者からの意見調整などを重ねながら改訂されていくものと考えられる。

### 注

(1)　国連条約機関データベース：https://tbinternet.ohchr.org/_layouts/15/treatybodyexternal/Download.aspx?symbolno=CRPD%2fC%2fJPN%2fCO%2f1&Lang=en（2023年3月30日現在）。
(2)　厚生労働省「意思決定支援を踏まえた後見事務のガイドライン」（令和2年）：https://www.mhlw.go.jp/content/000750502.pdf（2023年3月30日現在）。
(3)　厚生労働省，前掲書。
(4)　厚生労働省，前掲書，p.3。
(5)　厚生労働省，前掲書，p.4。
(6)　厚生労働省「認知症の人の日常生活・社会生活における意思決定支援ガイドライン」（平成30年）：https://www.mhlw.go.jp/file/06-Seisakujouhou-12300000-Roukenkyoku/0000212396.pdf（2023年3月30日現在）。

### 参考文献

大曽根寛『成年後見と社会福祉法制——高齢者・障害者の権利擁護と社会的後見』法律文化社，2000年。
新井誠編集顧問『実践成年後見』No.23，民事法研究会，2007年。
新井誠監訳／紺野包子翻訳『イギリス2005年　意思能力法・行動指針』民事法研究会，2009年。
厚生労働省「意思決定支援を踏まえた後見事務のガイドライン」（令和2年）：https://www.mhlw.go.jp/content/000750502.pdf（2023年3月30日現在）。
厚生労働省「認知症の人の日常生活・社会生活における意思決定支援ガイドライン」

（平成30年）：https://www.mhlw.go.jp/file/06-Seisakujouhou-12300000-Roukenkyoku/0000212396.pdf（2023年３月30日現在）。

# 第11章　終末期におけるケアと看取り支援

## 1　ターミナルケアからスピリチュアルケアへ

現代西洋医療・医学の目覚ましい発達は，生命の尊厳という普遍的な原理をもとに，生命の延長を自己目的化した方法・技術を高度に発達させてきた。そしてそれは，病を効果的に回復させ，多くの病から人々を解放し寿命を伸ばしてきた。

しかし，このことが死の非日常化，死のタブー視などの死生観を助長するべく作用してきた面も少なくない。他方で，それは先進国といわれる地域に居住する現代人の多くが，最新の医療技術を誇る専門職集団による治療的介入に依存しすぎて，自らの生と死をめぐる重要な決定を他にゆだねることも招来してきた。そこでは患者が管理されたなかでの死をたどり，患者自身や，家族のさまざまな思いがかき消えていく状況が作りだされることもある。

同時に人々は，現代医療への信仰が逆にしばしば人間疎外を引き起こし，人間としての尊厳の喪失にもつながった事実を直視するようになってきた。そして人間の終末をめぐって，告知や延命治療，尊厳死，安楽死，自然死，臓器移植，バイオエシックス（生命倫理）などが近年，議論をよんでいる。

こうして，現代医療への疑義と批判から人間の復権を目指した新しいターミナルケアが登場した。現代的なターミナルケアの萌芽は1879年にアイルランドのダブリンにおいて始まった聖母マリア・ホスピスや1905年のロンドンでの聖ヨゼフ・ホスピス等に見られる。

それは，西洋中世のホスピスの心の再現を意図した死にゆく人々へのケアであった。19世紀になるとアメリカ・フランスでも同様の試みが行われた。そして20世紀後半になると，タブーとされていた死と向き合う思想・価値の意味合いを込めた現代的なターミナルケアが始まった。その代表的な例は，イギリスのソンダースにより，1967年に始められた聖クリストファー・ホスピスの実践であろう。身体的な苦痛だけでなく，精神的な苦痛をも重視し，患者の全体的苦痛を捉えることを主張した。そして従来のCure中心の医療からCare中心への転換を提唱した。そして患者のQOLを高め，個人の尊厳を実現しようとした。

この動きは多くの人々の共感と支持を得て他のヨーロッパ諸国，アメリカ，カナダ等に広がりを見せた。日本でもこのような影響のもと，聖隷三方原病院，淀川キリスト教病院においてホスピスが先駆けとなった。これらの死を生きる人々とその家族に対するホスピスの実践は，ターミナルケアへの認識と死と向き合う医療や看護のあり方をめぐって再検討を促すパワーとなった。

ターミナルケアの対象者はいうまでもなく，ケアが集中・複合的になされる本人であり，第二の対象者は患者ケアの一環として位置する家族（同居者や親族）である。本人は回復の見込みがなく現行の治療ではその効果に限界があると判断され，かつ死期が迫り療養生活の全部面にわたって濃密なケアを要する状況にある人，もしくはそれが確実に予期される人を指す。そして，家族とは患者の生活や人生に深い影響を与え患者のケアを支える身近な人であったりする。また，同時にこのような人々は，患者の病やケアによって身体的疲労や心理社会的な苦悩を抱え，本人の死後に危機的状況に陥りやすい人々でもある。

**図11－1**は，わが国の心因に関する推移であるが，最も上位を占めているのが悪性新生物による死亡である。そのため，医療施設での薬剤の投与や痛みを和らげる緩和ケアなどを希望する患者も多い。また，高齢期に注意が必要なのが誤嚥性肺炎である。高齢によって咀嚼機能が衰えると，食道ではなく気管に飲食物が混入しそれが原因で肺炎を起こすことも注意しなければならない。一方で，血圧コントロールが以前より意識されるようになり，脳血管疾患による死亡は減少傾向にある。しかし，若干ではあるが「老衰」という原因で死亡する人も徐々に増加しており，厚生労働省の統計では，「老人福祉法が制定された昭和38年には全国で153人，昭和56年に千人を超え，平成10年に１万人を超えた。平成24年に５万人を超え，令和４年には90,526人（前年比＋4,016人）。ま

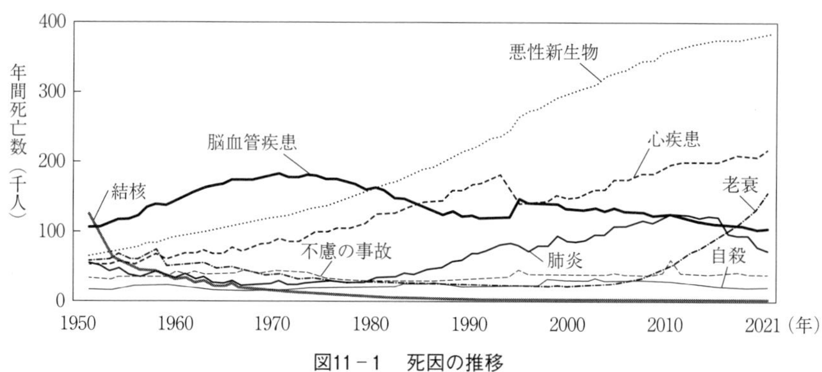


**図11－1　死因の推移**

出所：厚生労働省「人口動態統計（令和３年）」。

た，百歳以上の高齢者のうち女性は80,161人（全体の約89％）」[(1)]となっていることから，今後は，正確な死因を特定できない高齢者の増加も予想される。

ターミナルケアという用語については，近年変遷がある。国際的にはターミナルケアから，「End of life care」「palliative care（緩和ケア）」へと変遷した。これは柏木（2007）によると「痛みをはじめとするさまざまな不快な症状のコントロールは末期の患者だけでなくて，治療が不可能な疾患に伴う不快な症状のコントロールを目的にするケア」[(2)]とされ，医師，看護師，ソーシャルワーカー，その他のコメディカルのスタッフがチームを組み，患者や家族の多様なニーズを充たす援助をすることを意味する。

1989年，WHO（世界保健機関）は緩和ケアに関する定義を次のように発表している。

「緩和ケアとは，治療を目的とした治療に反応しなくなった疾患を持つ患者に対する積極的で全体的な医学的ケア，痛み，その他の症状のコントロール，心理的，社会的，精神面のケアが優先課題。最終目標は，患者と家族にとり，できる限り良好なクオリティ・オブ・ライフの実現」

また，2002年に同機関は定義を変更している。

○死亡の場所については，自宅・介護施設等が増加傾向にある。

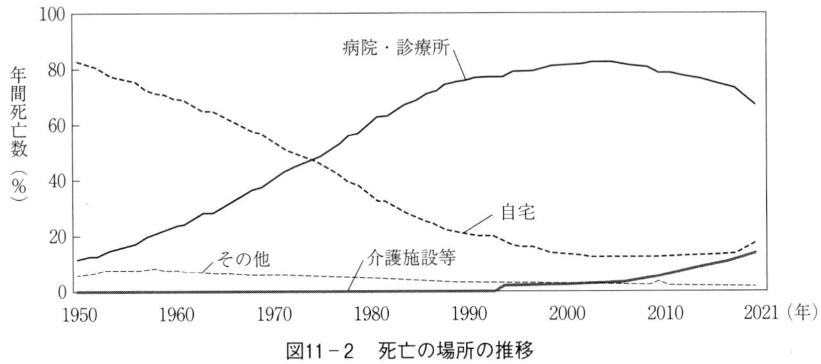


**図11－2　死亡の場所の推移**

出所：厚生労働省「人口動態統計（令和３年）」。

「緩和ケアとは，生命を脅かす疾患に起因した諸問題に直面している患者と家族のクオリティ・オブ・ライフを改善するアプローチ，痛み，その他の身体的，心理社会的，スピリチュアルな諸問題の早期かつ確実な診断，早期治療によって苦しみを予防し，苦しみからの解放を実現することである」

ここには，「予防」と「スピリチュアル」という概念が登場しており，特に後者に関しては適切な日本語訳がまとまらず，そのまま使用されている。後者は柏木（2007）によると「その人が自分の存在の意味をつかめるように，その人が持っている価値観を尊重してケアすること[(3)]」という理解になるという。

いずれにおいても，終末期は，「病状が不可逆的かつ進行性で，その時代に可能な限りの治療によっても病状の好転や進行の阻止が期待できなくなり，近い将来の死が不可避となった状態[(4)]」といった治療が困難であるという特徴から，医療だけでなく，さまざまな症状や苦痛を和らげるためのケアが必要になる。

看取介護とは，終末期という死期が近づくことにより生じる全人的苦痛を和らげながら，自分らしく穏やかな，尊厳のある最期を迎えられるように支援するものである。終末期のケアとして行われるターミナルケアとの違いは，ターミナルケアが主に医療的なケアを行うということに対し，看取介護ではケアスタッフや看護師，ソーシャルワーカーなどを中心として行うということである。

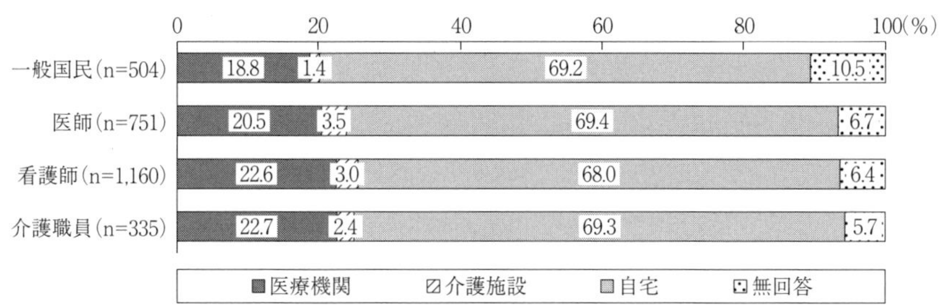


**図11－3　最期を迎えたい場所**

出所：厚生労働省「平成30年人生の最終段階における医療に関する意識調査報告書」p.53。

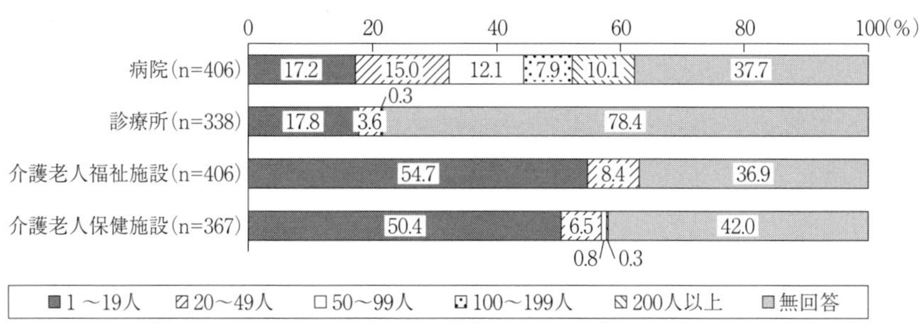


**図11－4　施設での過去1年間看取り数**

出所：図11－3と同じ，p.27。

ここで，2018（平成30）年3月に厚生労働省の「人生の最終段階における医療の普及・啓発の在り方に関する検討会(5)」報告書に基づく終末期についての意識について言及しておきたい。

**図11－3**では，「最期を迎えたい場所」として，一般国民の69.2％が「自宅」と答えていることから，病院や施設といった自宅以外の場所での最期は願いとしては望んでいないことになる。しかし，**図11－5**では，「家族に迷惑をかけたくないから」との理由から，願いとしては自宅での最期を迎えたいと思いながらも，家族への負担を考えると病院や施設での最期を選択する方が最も多いという調査結果であった。

これらのことから，現代社会においては終末期の方に対して在宅医療や，在宅での看取りが難しいことから，病院，施設での看取りを希望する方が多いということも判明した。

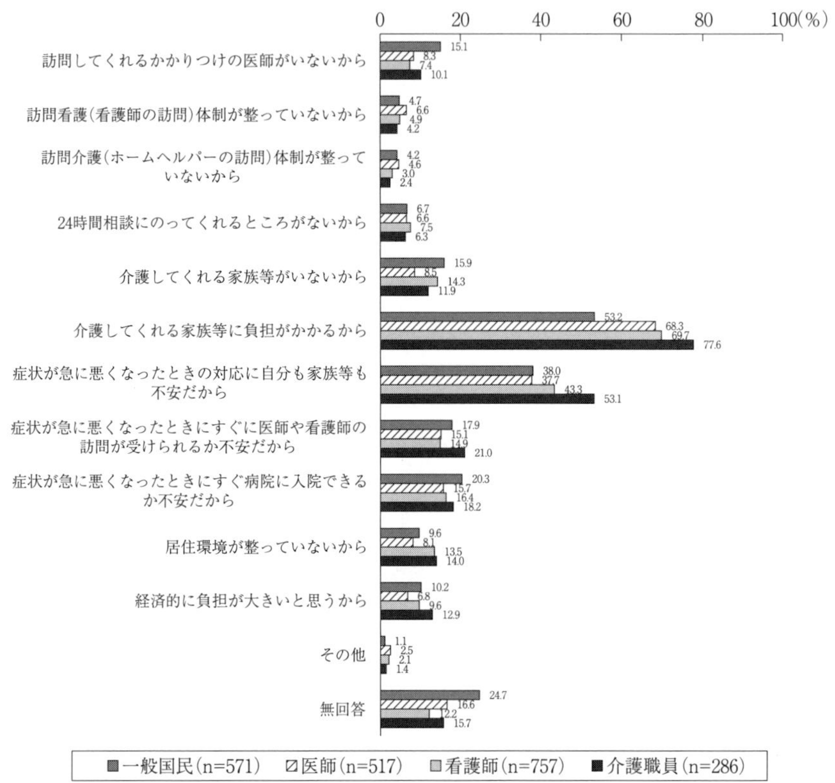


**図11－5　自宅以外で医療・療養を受けること，または最後を迎えることを希望した理由**

出所：図11－3と同じ，p.54。

また，**図11－4**の特別養護老人ホームでの看取りは約1～19人となっており，終の棲家として施設が最後の場所となっていることも判明した。

このように，人生の終末をどのようにするべきなのかという視点から，近年「アドバンス・ケア・プランニング」(ACP) という取り組みも広がりつつある。

厚生労働省は，改訂「人生の最終段階における医療・ケアの決定プロセスに関するガイドライン[(6)]」を2018（平成30）年3月に公表しており，医療従事者，介護従事者へ向けてのガイドラインの普及に努めつつある。簡単に解説するならば，人生の終末を迎えるにあたって，本人が希望する医療的ケアの範囲，介護サービスの範囲，家族との取り決めなど，事前に本人の意思表示を書面化したり，何らかの方法でその意向を確認する作業である。終末期のあり方については，本人の希望にできる限り寄り添う取り組みを推奨しているが，これからの普及が課題となる。

## 2　グリーフケアとそのサポート

### 1　悲嘆（グリーフ）とは

かけがえのない人や物を失うことを喪失という。人は人生のなかで，死別や失業，失恋といった突発的な喪失や，卒業や引っ越しなどライフイベントに伴う喪失など多様な喪失の体験をする。ラザルス（1991）[(7)]は，「喪失に対するアクティブで時間的に長く引き延ばされた対処過程全般であり，悲しみをはじめ，不安，怒り，罪悪感など，さまざまな情動の介在が認められる[(8)]」ものを悲嘆と定義している。

### 2　悲嘆（グリーフ）のサポート

大切な人との死別，それは誰にでも訪れる喪失体験である。決して避けられるものではなく，強い喪失感と絶望にも似た悲嘆（グリーフ）と向き合い，乗り越えていくことはとても大きな課題であるだろう。海外では死別体験をした人に対するケアがビリーブメントケアと表現されることが多いが，日本では「グリーフケア」と表現される。高橋（2013）は，グリーフケアについて，「悲しみや不安のある人を気にかけ心から配慮して寄り添うことで，両者の相互作用によって成立するものである。グリーフケアの主体はあくまでも当事者であり，彼らが死別体験後のこれからの人生に新たな意味を見出していく作業をサポートしていくことがグリーフケアである[(9)]」と述べている。

人の悲嘆のプロセスにはいくつかの段階のモデルがあり，なかでもアルフォンス・デーケン（2011）の12段階モデルは最も よく知られる理論の一つである。デーケンは，欧米や日本で多くの末期患者や家族，遺族のカウンセリングに携わった経験から，喪失体験とそれに伴う悲嘆のプロセスの共通するパターンを見つけ，以下の12段階のモデルに分析した。[10]

「1．精神的打撃と麻酔状態（死別による衝撃により感覚が麻痺する），2．否認（死の現実を受け入れることを否認する），3．パニック（死に直面した恐怖から極度のパニックに陥る），4．怒りと不当感（苦しみを負わされたという怒りを抱く），5．敵意と恨み（周囲の人や故人にやり場のない感情をぶつける），6．罪意識（過去の行いを悔やみ，自分を責める），7．空想形成・幻想（故人がまだ生きているかのように思い込む），8．孤独感と抑うつ（孤独を感じる），9．精神的混乱と無関心（あらゆる物事に関心を失う），10．あきらめ－受容（つらい現実を積極的に受け入れていこうとする），11．新しい希望－ユーモアと笑いの再発見（悲しみを克服し，新しい生活への一歩を踏み出す希望が生まれたしるしである），12．立ち直り－新しいアイデンティティの誕生（以前の自分に戻るのではなく，苦しい経験を通じて，より成熟した人格へと成長する）」

以上のように整理し，家族が陥るグリーフ状態を類型化している。

しかし，すべての家族が同じ経験をするかどうかは当然違いがあると思われ，その深さや悲嘆の度合などは家族状況によって異なることが予想される。

これら悲嘆に関するプロセスは，最終的に家族やケアスタッフなど深い関係にあった方々が経験する可能性があり，それぞれの悲嘆に応じた周りの人々からのサポートも重要な支援の一つであるといえる。

ここで，遺族へのグリーフケアとしての基本的な姿勢について触れることとする。

まず，遺族個々の悲嘆を尊重する，無理強いをしない，スピリテュアルな苦痛に配慮する，といった基本的な姿勢が求められてくる。

また，懸命に日々の業務のなかで利用者の支援にあたるケアスタッフにも，その「死」を受け止めることに躊躇することが大いにある。懸命に接してきた職員ほど利用者の「死」に戸惑い，悲しみ，受容することができないことも予想される。その意味で，職員に対してもグリーフケアが必要となる。

対人援助の現場ではさまざまな形でストレスを抱えることがある。援助者は人生を歩むなかで体験してきた喪失に加え，仕事においても援助対象者を亡くすという喪失体験をする。援助者もまた遺族の心理と同じようにショック，否認，自責，怒り，抑うつなどのプロセスを経る。多くの援助者は自身のケアを振り返り，「こうしておけば良かった」と後悔の念を抱いたり，「ケアが適切ではなかったのではないか」と自責の念にとらわれたりする。

援助対象者の死は，自身にとって大切な人を亡くす体験の一つであると同時に，専門職としての自信喪失，役割不全感，燃え尽きといったさまざまな形での喪失の体験である。このような喪失体験は，グリーフケアを実践するにあたって，心理を理解し共感できる感性を持つ一方，援助者自身の喪失にとらわれ遺族の話に必要以上に感情が動かされてしまうというリスクもはらんでいる。これらを抱えながら専門職員としてグリーフケアを行っていくためには，自身の喪失に対する感情や，その体験が自分自身にどのような影響を与えているかを認識し，「自己理解」を深めることや自身が「セルフケア」を受けることが必要であるといえる。

職員への「セルフケア」について，高橋（2011）は次にようにまとめている。[(11)]

⑴　予防的セルフケア

セルフケアは，自分自身の心と体を傷つけないために予防的に行う。まず，自身の心身の状態を自覚し，悲嘆に関わる仕事ができる状態でなければ迷わず他の人に代わってもらう，あるいは仕事から離れるなどをして自身を守る。自身の心身の自覚ができれば，次に個々の遺族との距離感を自覚する。自身と遺族の問題を区別し，境界線をわきまえることは自分自身を大切にすることであり，遺族を尊重することでもある。

⑵　リフレッシュ

私生活において援助者という立場を忘れて，日常を楽しむことはセルフケアのうえで最も大事なことの一つである。たとえば，一人でいる時間を満喫する，趣味に没頭する，自然の景色を眺めるといった，自分がリラックスできる方法を知り，有効な気分転換を行う。日頃から，どのようなことでストレスを解消できるか，何をしている時が快適かについて熟知しておくことも重要な自覚である。

(3) 援助者に対するサポート体制

援助者向けのスタッフ研修会やケアする人をケアする体制づくりなどがあげられる。具体的には以下のとおりである。

・援助者自身の心の健康を保つためのセルフケア技能の向上

・相談・対応技能を高めるための研修

・定期的な事例検討会や悲嘆にまつわる課題などをシェアするためのミーティングの開催

・専門家や他領域のネットワークの構成員との交流の機会

・必要時に自分自身が専門家により精神保健的ケアを受けることのできる体制

このように，多くの高齢者施設のスタッフはこれらの研修を深めたいというニーズは高いと考えられるし，さまざまな経験の違いから施設全体としての共通の認識を深めることも重要である。その高齢者施設での研修ニーズの高さに関しては，瀬尾・秋山（2021）が実施した高齢者施設でのアンケート[12]でも明らかになっている。

## 3　看取り介護

医療現場で実施される終末期の対応については，多くは医師の管理のもと薬剤管理などを適切に実施しながら実現するものである。いわゆる医療モデルが採用されており，高齢者ケア施設で実施される「看取り介護」の場合，医療の介在よりもケアスタッフ及び看護師，生活相談員，ケアマネジャーなどを中心とする取り組みが特徴である。介護保険制度では，「看取り介護」を実施する場合「看取り介護加算」が配当され，それらの実践を高齢者施設でも推奨している。2021（令和３）年度からの介護報酬改定では従来の死亡30日以内の加算であったが，45日前までの看取り介護を実施する場合に加算されるようになり，より看取り介護の期間が延長されている。それは，高齢者施設全般にいえることであるが,「終の棲家」として入所される方が多く，在宅での最期を望みながらも家族の負担感からそれが実現しない状況にあるといえる。その意味では,「生」と「死」を取り巻くケアスタッフへの教育と実践を結ぶ今後の取り組みも重要視されるといえる。

ここで，坂下・西田・岡村（2013）は「看取り介護に取り組む過程で介護職員の自信が獲得されていく[(13)]」としており，看取りの経験を積み重ねることや看取りを振り返ることが看取りに対する不安を解消し介護職の自信獲得につながると述べている。介護職員は，利用者にとって最も身近な存在であり，利用者の生活歴や思いを尊重し，利用者の日々の変化を敏感に感じ取れる力を身につけている。他職種に発信していく意識を常に持ち，支援の振り返りにも重きをおくことが重要である。また，柳原・柄澤（2003）が「生活の場の看取りに必要なのは，死のプロセスをアセスメントする力と日常生活を整える確実なケア技術であって医療技術が主ではない[(14)]」と述べている。長くわが国では「医療モデル」をベースとしたケア方法に重点が置かれてきた歴史があり，現在では「生活モデル」としての施設運営を求められており，生活者の視点から高齢者施設のスタッフが行動するように変遷している。

このように,「生」と「死」をめぐる一連の取り組みから終末期の患者や利用者や家族への特別な配慮や，職員自身へのケアも必要であり，研修会や勉強会などを通じて近年その取り組みが強化されているといえる。

### 注

(1)　厚生労働省「百歳高齢者表彰の対象者は45,141人」（令和4年9月16日）：https://www.mhlw.go.jp/content/12304250/000990671.pdf（2023年12月15日現在）。

(2)　柏木哲夫「終末期医療をめぐるさまざまな言葉」『総合臨床』第56巻第9号，2007年，p.2746。

(3)　柏木哲夫，前掲論文，p.2748。

(4)　日本老年医学会「『高齢者の終末期の医療およびケア』に関する日本老年医学会の『立場表明』」2012年。

(5)　厚生労働省「『人生の最終段階における医療の普及・啓発の在り方に関する検討会』報告書に基づく終末期のあり方に関する報告書」：https://www.mhlw.go.jp/

toukei/list/dl/saisyuiryo_a_h29.pdf（2023年12月15日現在）。
(6) 厚生労働省「人生の最終段階における医療・ケアの決定プロセスに関するガイドライン」（平成30年３月改訂）：https://www.mhlw.go.jp/file/04-Houdouhappyou-10802000-Iseikyoku-Shidouka/0000197701.pdf（2023年12月15日現在）。
(7) リチャード・S. ラザルスほか／本明寛ほか監訳『ストレスの心理学――認知的評価と対処の研究』実務教育出版，1991年。
(8) 橋本望「『悲嘆』概念の変遷に関する一考察――喪失という体験に迫る試み」『東京大学大学院教育学研究科紀要』第48巻，2008年，p.214。
(9) 高橋聡美編著『グリーフケア――死別による悲嘆の援助』メヂカルフレンド社，2012年。
(10) アルフォンス・デーケン『新版　死とどう向き合うか』NHK 出版，2011年，pp.29–38。
(11) 高橋聡美，前掲書，p.242。
(12) 瀬尾美恵・秋山智「介護老人保健施設に勤務する介護職員の看取りに関する研修ニードの検討」『広島国際大学看護学ジャーナル』第18巻第１号，2021年。
(13) 坂下恵美子・西田佳世・岡村絹代「特別養護老人ホームの看取りに積極的に取り組む看護師・介護士の意識」『南九州看護研究誌』第11巻第１号，2013年。
(14) 柳原清子・柄澤清美「介護老人福祉施設職員のターミナルケアに関する意識とそれに関連する要因の分析」『新潟青陵大学紀要』第３巻第３号，2003年，pp.223–232。

## 参考文献

柏木哲夫「終末期医療をめぐるさまざまな言葉『総合臨床』第56巻第９号，p.2746。
日本老年医学会「『高齢者の終末期の医療およびケア』に関する日本老年医学会の『立場表明』2012年。
厚生労働省「『人生の最終段階における医療の普及・啓発の在り方に関する検討会』報告書に基づく終末期のあり方に関する報告書」：https://www.mhlw.go.jp/toukei/list/dl/saisyuiryo_a_h29.pdf（2023年12月15日現在）。
厚生労働省「人生の最終段階における医療・ケアの決定プロセスに関するガイドライン」（平成30年３月改訂）：https://www.mhlw.go.jp/file/04-Houdouhappyou-10802000-Iseikyoku-Shidouka/0000197701.pdf（2023年12月15日現在）。
橋本望「『悲嘆』概念の変遷に関する一考察――喪失という体験に迫る試み」『東京大学大学院教育学研究科紀要』第48巻，2008年。

高橋聡美編著『グリーフケア――死別による悲嘆の援助』メヂカルフレンド社，2013年。

アルフォンス・デーケン『新版　死とどう向き合うか』NHK 出版，2011年。

瀬尾美恵・秋山智「介護老人保健施設に勤務する介護職員の看取りに関する研修ニードの検討」『広島国際大学看護学ジャーナル』第18巻第１号，2021年。

坂下恵美子・西田佳世・岡村絹代「特別養護老人ホームの看取りに積極的に取り組む看護師・介護士の意識」『南九州看護研究誌』第11巻第１号，2013年。

柳原清子・柄澤清美「介護老人福祉施設職員のターミナルケアに関する意識とそれに関連する要因の分析」『新潟青陵大学紀要』第３巻第３号，2003年。

# 第12章　高齢者支援の方法

## 1　ケースワークの原則と高齢者支援

ここでは，ソーシャルワーク技術を駆使し高齢者支援にあたるに際しての社会福祉学固有の方法論について学習していく。

今や古典とされているフェリックス・バイステック（F. P. Biestek）のケースワークの原則は，個別的な支援の重要性を改めて認識させてくれる。その基本原則を概観しながら高齢者支援についてのあり方について言及することとする。その理由として，近年医療・保健・福祉・司法などの専門家も含め高齢者支援にかかわるケースが増えてきた。特に成年後見制度などによる後見人業務にも本人の意思決定支援にかかわるケースも増加し，個別的な対応が求められる場面が多くある。改めて，社会福祉学固有の領域であったソーシャルワークを認識し，取り組む必要があると考える。

### 1　クライエントを個人として捉える：個別化の原則

クライエントと個人として捉えることは，一人ひとりのクライエントがそれぞれに異なる独特な性質を持っていると認め，それを理解することである。また，クライエント一人ひとりがよりよく適応できるよう援助する際に，援助の原則と方法とを区別して適切に使い分けることである。このような考え方は，人は一人の個人として認められるべきであり，クライエントは「不特定多数のなかの一人」としてではなく，独自性を持つ「特定の一人の人間」として対応されるべきであるという人間の権利に基づいた援助原則である[(1)]

一言で高齢者といっても要介護度の違い，認知症の有無，家族関係や環境，住環境，収入構造（年金その他の資産状況など），介護保険制度をはじめ，活用できる社会資源，親戚や近隣住民その他の知人・友人などその人を取り巻く環境はさまざまである。

また，その方の生活環境，生活歴，職業や信仰する宗教など類型化しにくい要素が多数含まれている。

ソーシャルワーカーは，多様な背景をもった方々と接するなかで，時にはいち早くその方を理解し援助につなげていくために，類型化したりパターナリズムに陥ったりする可能性がある。しかし，当事者を含む家族関係者にとっては初めての経験であり，戸惑いや，予測できない将来への不安など，心理的，経済的問題を大なり小なり抱いている。その深刻さは当事者を含む家族のストレス耐性や，経済的余力，家族関係の強弱，社会関係の親密度などにより一様ではない。

ソーシャルワーカーは，その意味ではどのようなケースであっても「傾聴」し「共感」し「相手の不安や状況」などを的確に把握し，信頼関係を構築する必要がある。そのため，その方への「個人の尊重と尊厳」を持ちながら，同時に家族への「尊重と尊厳」も重視しなければならない。時には，家族の意向と「当事者」の意向が異なるジレンマに陥ることがあるかもしれない。しかし究極は「当事者の最善の利益」を考え評価しなければならない。決して，パターナリズムに基づく態度やステレオタイプに扱うような態度をとってはならないといえる。

また，バイステックは(1)偏見や先入観から自由になる，(2)人間行動に関する知識を深める，(3)クライエントの話を聴く能力とクライエントを観る能力，(4)クライエントのペースで動く能力，(5)人々の感情のなかに入っていく能力，(6)バランスのとれたものの見方をもちつづける能力[(2)]などが求められると言及している。

### 2 クライエントの感情表現を大切にする

クライエントの感情表現を大切にするということは，クライエントが彼の感情を，とりわけ否定的感情を自由に表現したいというニードをもっていると，きちんと認識することである。ケースワーカーは，彼らの感情表現を妨げたり，非難するのではなく，彼らの感情表現に援助という目的をもって耳を傾ける必要がある。そして，援助を進める上で有効であると判断するときには，彼らの感情表出を積極的に刺激したり，表現を励ますことが必要である[(3)]。

クライエントやその家族が将来に対する不安や，疲弊する現在の生活状況のなかで吐露する感情表出があると考えられる。その際，ワーカーの価値観などで一方的に非難したり否定したりするのではなく，「傾聴」し「励ます」タイミングをつかむことが大切になるといえる。

### 3　援助者は自分の感情を自覚して吟味する：自己覚知

ケースワーカーが自分の感情を自覚して吟味するとは，まずクライエントの感情に対する感受性をもち，クライエントの感情を理解することである。そして，ケースワーカーが援助という目的を意識しながら，クライエントの感情に，適切なかたちで反応することである[(4)]。

この原則の理解には，ソーシャルワーカー自身に求められる能力が問われており，その能力としては「感受性」「理解」「反応」といったワーカー自身の情緒的，心情的，知的理解力などが必要であるとしている。そのためにも，熟練のソーシャルワーカーなどによるスーパービジョンを受けながら，「自己覚知」を促すことも求められている。

### 4　受け止める：受容の原則

援助における一つの原則である，クライエントを受けとめるという態度ないし行動は，ケースワーカーがクライエントの人間としての尊厳と価値を尊重しながら彼の健康さと弱さ，また好感を持てる態度，肯定的感情と否定的感情，あるいは建設的な態度および行動と破壊的な態度及び行動などを含め，クライエントを現在のありのままの姿で感知し，クライエントの全体に関わることである。しかし，それはクライエントの逸脱した態度や行動を許容あるいは容認することではない。つまり，受けとめるべき対象は「好ましいもの」（the good）などの価値ではなく，「真なるもの」（the real）であり，ありのままの現実である[(5)]

この「受けとめる」という原則を通じて，クライエントのありのままの姿を理解し，支援の効果を高め，クライエントの安心感を与えることにつながる。そのことが，援助の遂行を高めることにつながるといえる。しかし，この原則の遂行にあたっては援助者自身がバーンアウト（燃え尽き症候群）に陥らないように，面接時間を事前に知らせるなど，無制限に受け止めることとは異なることに注意しなければならない。

### 5　クライエントを一方的に非難しない：非審判的態度

クライエントを一方的に非難しない態度は，ケースワークにおける援助関係を形成する上で必要な一つの態度である。この態度は以下のいくつかの確信にもとづいている。すなわち，ケースワーカーは，クライエントに罪があるのかないのかなどを判断すべきではない。しかし，われわれはクライエントの態度や行動を，あるいは彼がもっている判断基準を，多面的に評価する必要はある。また，クライエントを一方的に非難しない態度には，ワーカーが内面で考えたり感じたりしていることが反映され，それらはクライエントに自然に伝わるものである[(6)]

この原則の理解として，ソーシャルワーカーは裁判官や警察官ではなく，他者を裁くことがないことが大前提である。このことは，ワーカー自身の価値観や先入観などから解放された形で対応するという基本的な態度であり，まずは価値観において中立でなければならないといえる。

### 6　クライエントの自己決定を促して尊重する：自己決定の原則

ケースワーカーが，クライエントの自ら選択し決定する自由と権利そしてニードを，具体的に認識することである。また，ケースワーカーはこの権利を尊重し，そのニードを認めるために，クライエントが利用することのできる適切な資源を地域社会や彼自身のなかに発見して活用するよう援助する責務をもっている。さらにケースワーカーは，クライエントが彼自身の潜在的な自己決定能力を自ら活性化するように刺激し，援助する責務ももっている。しかし，自己決定というクライエントの権利は，クライエントの積極的かつ建設的決定を行う能力の程度によって，また市民法・道徳法によって，さらに社会福祉機関の機能によって，制限を加えられることがある(7)

自己決定を促すことが掲げられている。このことは，認知症や知的障害などで後見人が選定されていたとしても，後見人自身が本人の「意思決定支援(8)」をするよう求められているように，関係者や家族のみで決定するのではなく，本人の意思を尊重し優先するという考えになっている。

もっとも，わが国では近年「意思決定支援」という価値観に移行しつつあり，バイステックがこの原則を世に送り出した1957年(9)から約半世紀の時間をかけて定着しつつある原則といえる。

### 7　秘密を保持して信頼感を醸成する：秘密保持の原則

クライエントが援助関係のなかでうち明ける秘密の情報を，ケースワーカーがきちんと保全することである。そのような秘密保持は，クライエントの基本的権利にもとづくものである。つまり，それはケースワーカーの倫理的な義務でもあり，ケースワーク・サービスの効果を高める上で不可欠な要素でもある。しかし，クライエントのもつこの権利は必ずしも絶対的なものではない。なお，クライエントの秘密は同じ社会福祉機関や他機関の他の専門家にもしばしば共有されることがある。しかし，この場合でも，秘密を保持する義務はこれらすべての専門家を拘束するものである(10)

この原則に関しては，さまざまな専門職のなかで共有されているものであり，個人情報保護の観点からも慎重に取り扱わなければならない。しかし，同一目的でクライエントを支援する専門職間で共有される場合もあるが，大前提として秘密保持原則はすべての専門職に共通する原則といえる。

本書では，ソーシャルワークの専門書ではないため紙幅の関係から詳述を避けたが，筆者としては古典ともいえるケースワークの原則を改めて評価し，認識していただくことを意識して掲載することとした。

## 2　ケアマネジメントと高齢者支援

### 1　ケアマネジメントの概念

①　ケアマネジメントの定義

ケアマネジメントとは「対象者の社会生活上での複数のニーズを充足させるため適切な社会資源と結びつける手続きの総体[(11)]」と定義される。すなわち，複数で多様なニーズを抱えた利用者が地域で暮らし続けられるように，さまざまな社会資源を結びつけ，それらの社会資源間の調整を図りながら，長期にわたって利用者を支援する方法である。

こうしたケアマネジメントは，1970年代にアメリカにおいて，脱施設化に伴う精神障害者の地域生活支援の方法として生まれてきたものである（アメリカにおいてはケースマネジメントと称される）。その後，ケアマネジメントは精神障害者だけでなく，知的障害者，高齢者，被虐待児とその家族，HIV ウィルス感染者など，さまざまな人たちの地域生活支援の方法として用いられることになる。

また，ケアマネジメントはさまざまな国に紹介されることになる。たとえばイギリスでは1990年の「国民保健サービスおよびコミュニティケア法」に組み込まれ，福祉サービスを利用するためにはケアマネジャーのアセスメント・プランニングを経ることが必要になった。また，日本においては白澤政和[(12)]によってその紹介と普及が図られ2000（平成12）年に施行された介護保険制度に導入されるような形で普及した。わが国では，介護支援専門員（通称ケアマネジャー）として制度化され，介護サービスの利用支援のための方法として普及していくことになる。

このように，伝統的な一対一のケースワークからフォーマル・インフォーマルな社会資源を駆使し，地域生活の継続を模索するために研究・実践されてきた新しい援助方法であり，高齢者分野だけではなく障害者分野などその他の分野でも広く普及されることが予想される。ただし，伝統的なケースワークの原則をケースマネジャーは修得していることを前提にしていることを付け加えておく。

### ②　ケアマネジメントの構成要素

ケアマネジメントの構成要素は，(1)利用者（ニーズ），(2)社会資源，(3)ケアマネジャーとなり，(1)利用者とは，社会生活における複数のニーズを抱えており，自らの力だけではそのニーズを充足するための社会資源を入手することが難しい人たちである。こうしたケアマネジメントを必要とする利用者とは，日本においては介護保険サービスの対象者や障害者総合支援法におけるサービス利用の対象者などが想起される。

(2)社会資源とは「福祉ニーズの充足のために利用・動員される施設・設備，資金・物品，諸制度，技能，知識，人・集団などの有形，無形のハードウェアおよびソフトウェアの総称[(13)]」を意味する。

(3)ケアマネジャー（介護支援専門員）は，利用者のニーズをアセスメントし，そのニーズを充足することができる社会資源を地域社会のなかから探してきて，利用者と結びつける役割を果たす専門職である。介護保険制度のなかでは居宅介護支援事業所に所属する介護支援専門員や，地域包括支援センターのスタッフなどがこうしたケアマネジメント業務を担うことになる。

### ③　介護保険制度とケアマネジメント

ケアマネジメントが介護保険制度に組み込まれたねらいは，高齢者が自らの意思に基づき，自立した質の高い生活を送ることができるよう支援することである。そのため，介護支援専門員という資格を創設し，居宅サービスについてはケアプラン作成に対して居宅介護サービス計画費という保険給付を設けて，居宅介護支援事業所に所属する介護支援専門員（ケアマネジャー）が利用者のアセスメント・ケアプラン作成・モニタリングという一連のケアマネジメント業務を行う仕組みとしたのである。また，施設サービスについても各施設に介護支援専門員を置き，施設サービス計画の作成を義務づけることでケアプランに基づく支援が行われる仕組みとした。

ここで，介護保険法（第7条第5項）に規定する介護支援専門員の定義について触れておく。同条では介護支援専門員を「要介護者又は要支援者（中略）からの相談に応じ，及び要介護者等がその心身の状況等に応じ適切な居宅サービス，地域密着型サービス，施設サービス，介護予防サービス若しくは地域密着型介護予防サービス又は特定介護予防・日常生活支援総合事業（中略）を利用できるよう市町村，居宅サービス事業を行う者，地域密着型サービス事業を行う者，介護保険施設，介護予防サービス事業を行う者，地域密着型介護予防サービス事業を行う者，特定介護予防・日常生活支援総合事業を行う者等との連絡調整等を行う者であって，要介護者等が自立した日常生活を営むのに必要な援助に関する専門的知識及び技術を有するものとして第69条の7第1項の介護支援専門員証の交付を受けたものをいう」（下線は筆者）としている。このように，今日ではケアマネジメント技法を修得した介護支援専門員に，在宅・施設・地域・介護予防への役割が拡大し，その活動範囲も広げられている。

### 2 ケアマネジメントのプロセス

ケアマネジメントのプロセスは，入口（ケース発見，スクリーニング，インテーク），アセスメント，ケース目標の設定とケアプラン作成（プランニング），ケアプランの実施，モニタリング，再アセスメント，終結という段階があるとされる。

#### ① 入口（ケース発見，スクリーニング，インテーク）

インテーク（intake）とは，英語では取り入れ口という意味で使用されており，ケアマネジメント過程で最初の面談場面となる。

そのため，介護支援専門員は自身の役割を利用者に理解していただき面談の合意をとる。同時に，今後のケアプラン作成に際して利用者の意向を基に提案されることも伝え，面接目的を明確にする。

② アセスメント

アセスメント（assessment）とは，事前評価という意味があり，相談の置かれている状況や要望などに関する情報収集と課題分析を実施するためのプロセスである。介護支援専門員は利用者の生活全般にわたる情報を収集し，利用者の生活上の困難がなぜ，どのようにして起こってきているのかを理解する。

マリオン・W. ショウ（1997）は，「重要な問題は『(それを）なんと呼ぶか』ではなく，『何が起こっているか』である。『何が起こっているか』を判定するための機能のアセスメントは，身体的・精神的・社会的・環境的側面を網羅しなければならない[(14)]」とし，適切なアセスメントの力が求められている。

介護保険制度では，このアセスメントを「課題分析標準項目[(15)]」を公表しており，訪問面接を実施する際に使用するアセスメントシートに記録を保持する。その際，ケアマネジメントの目標となる利用者の心身の状態や居住環境，家族関係など必要かつ重要な課題分析を実施する。そして，ケアプランにその方の意向を反映して後日提示することを伝え，両者の間で納得できるケアプランの作成に移行する。

ここで，第1節で述べたバイステックの原則を前提として，面接技法を駆使し信頼関係を構築しながら，本人の「自己決定」を尊重した援助へと移行できるよう注意する。この際，「本人の意向」と「家族の意向」が異なる場合が想定される。その場合1回の訪問面接のみでなく複数回訪問する場合や，サービス内容がイメージできず不安を抱かれる場合にはサービス提供事業者等への見学も有効な場合があることを伝える。

③ ケース目標の設定とケアプラン作成（プランニング）

アセスメントで明らかにされたニーズに対して，本人の意向を組み入れたケアプラン作成の段階に移行する。その際，理想的にはフォーマル資源・インフォーマル資源などを活用したプランを作成することが望まれるが，まずはフォーマル資源である介護保険制度を活用したプランニング作成を実施する。

また，どのサービス提供機関からサービス提供が可能なのか，利用料負担も含めて検討するのがプランニングの段階である。

④　ケアプランの実施

介護支援専門員は各種の社会資源に対してサービス提供依頼を行うが，その際に利用者の状況やニーズ，ケアプラン全体とそのなかで当該機関が果たす役割（サービスの内容，種類，頻度から，時には利用者に対する関わり方まで）などを説明し，理解を求める。

また，複数の社会資源が利用者と関わることによって，コーディネート（調整機能）も必要となり，全体的な社会資源が効果的・効率的に実施されるよう調整する必要がある。また，さまざまな専門機関やサービス提供事業者の特徴を理解し，ケアプランの円滑な実施がなされるよう，かつ利用者の意向を最大限反映できるようコーディネートすることが重要となる。また，チームアプローチの観点からサービス担当者会議という方法によっても促進される。

⑤　モニタリング

ケアプランが実施された後も，介護支援専門員は利用者の状況を把握し続ける。モニタリング（monitoring）とは，語源として「継続して監視する」という意味があり，一般的に普及している言葉である。ケアマネジャーの特徴として，継続的関わりが重視されまた単に関わるだけでなくサービスが有効に機能しているか，本人や家族も満足しているかなど総合的に評価することで持続した生活が維持できることを支援するのである。

介護支援専門員は最低月に１回，利用者宅を訪問して上記の効果を確認する。その際，利用者の心身状況の変化やその他の事由によりサービス内容を変更・追加すべきかどうかも継続的な関わりのなかで情報収集する。また，介護支援専門員は利用しているサービス提供事業者などからも，状況の変化や家族などからも日常生活上の困りごとなどを聞かせていただき，次の活動の段階にはいる。

⑥　再アセスメント

上記のモニタリングを通じて，現在のケアプランが利用者の現状に合わないことが明らかになった場合，介護支援専門員はモニタリングで得られた情報を追加修正し，利用者の現在の状況に応じたケアプランを再度作成する。そして，後日変更したケアプランを提示したうえで，本人の合意に基づき新しいサービス提供に変更する。

⑦　終結

ケアマネジメントは，継続して長期にわたる支援を実施することを前提としている。そのため，心身の状況の変化やその他の要望など，定期的なモニタリングを通じて柔軟で必要なサービス提供を継続的に実施することが可能となる。

居宅介護支援の場合，介護支援専門員の終結は次の３つのケースが想定される。⑴利用者の死亡，⑵利用者が居宅サービスから施設サービスなどに移行する，⑶ご家族などとの同居などにより，これまでの市町村から転居される場合。その転居された市町村の介護支援専門員に引き継ぐことを通じて，一旦担当する介護支援専門員の役割は終結（conclude）する。

このように，ケアマネジメントの手法は利用者への継続的な関わりを通じて，その変化や要望などをくみ取り，最善の状況を利用者とともに考え支援していく一連のプロセスから構成されている。

これら特にアメリカで展開されているケースマネジメントの手法は，わが国では介護保険制度に組み込まれ，日本的なケアマネジメントして展開されている。この日本的という意味は，本来フォーマルサービスおよびインフォーマルサービスなど地域に存在する社会資源を全てプランに反映させるのが米国のケースマネジメントの特徴であるが，ボランティアやNPOなどの活動や，コミュニティの土台が異なる日本の状況に適合した形として展開されるようになった。今後は，コミュニティケアの推進を進めていくことでインフォーマルな関わりも含めた役割が期待されてくると思われる。

## 注

(1) F. P. バイステック／尾崎新ほか訳『ケースワークの原則——援助関係を形成する技法　新訳版』誠信書房，2006年，p.36。
(2) F. P. バイステック，前掲書，p.40。
(3) F. P. バイステック，前掲書，p.54。
(4) F. P. バイステック，前掲書，p.78。
(5) F. P. バイステック，前掲書，p.114。
(6) F. P. バイステック，前掲書，p.142。
(7) F. P. バイステック，前掲書，p.165。
(8) 厚生労働省「意思決定支援を踏まえた後見事務のガイドライン」2020年。
(9) F. P. Biestek, S, J, *The Casework Relationship*, George Allen and Unwin, 1957.
(10) F. P. バイステック，前掲書，p.191。
(11) 白沢政和『ケースマネージメントの理論と実際——生活を支える援助システム』中央法規出版，1992年，p.11。
(12) 白澤の代表的な著書である，『ケースマネージメントの理論と実際——生活を支える援助システム』中央法規出版，1992年により，広く知られるようになり，その他の研究者も多数の著書を出版している。この時期に，2000年に導入予定であった介護保険制度にこの手法が組み込まれることとなる。
(13) 小笠原慶彰「社会資源」小田兼三ほか編『現代福祉学レキシコン　第２版』雄山閣，p.164。
(14) マリオン・W. ショウ編／老人の専門医療を考える会訳『高齢者ケアへの挑戦——アセスメントからチームアプローチまで』医学書院，1997年，p. 2 。
(15) 厚生労働省「『介護サービス計画書の様式及び課題分析標準項目の提示について』の一部改正等について」(令和４年３月)：https://www.mhlw.go.jp/content/12300000/000908749.pdf（2023年３月30日現在)。

## 参考文献

F. P. バイステック／尾崎新・福田俊子・原田和幸訳『ケースワークの原則——援助関係を形成する技法　新訳改訂版』誠信書房，1996年。
白沢政和『ケースマネージメントの理論と実際——生活を支える援助システム』中央法規出版，1992年。
バーバラ・J・ホルト／白澤政和監訳『相談援助職のためのケースマネジメント入門』中央法規出版，2005年。

白澤政和『ケアマネジメントの本質――生活支援のあり方と実践方法』中央法規出版，2018年。
白澤政和『認知症のある人のケアプラン作成のポイント――在宅・グループホーム・施設の事例をもとに』ワールドプランニング，2018年。

# 第13章　地域包括ケアシステム

## 1　地域包括ケアシステム構想

厚生労働省は，2019（平成31）年３月に「地域包括ケア研究会」による「地域包括ケアシステムの深化：推進に向けた制度やサービスについての調査研究」として，「2040年：多元的社会における地域包括ケアシステム――『参加』と『協働』でつくる包摂的な社会[(1)]」という調査研究報告書を公表している。

この報告書には，2040年に向けての高齢社会および社会状況，理念の変遷などを見据え多元的な社会を予測しながら今後の社会のあり方を提言している。2040年には約1000万人を超える85歳以上高齢者が，単身者も含め，地域生活を送ることになり，従来の方法ではさまざまな社会的課題が浮上してくると指摘している。特に多様化する家族と住まい方，個人を単位とした仕組みの再編を意識した改革が必要であるとしている。また，多元化する社会に対して「社会的包摂」しながら「尊厳の保持」を維持し「参加と協働による地域デザイン」を推進していくことが必要とまとめられている。

また，これまで「地域密着型サービス」や「小規模多機能型居宅介護」「看護多機能型居宅介護」など地域をベースとしたサービスが導入されてきた。今後も地域をベースとしたサービス基盤を構築しつつ，地域の解決課題を行政のみが対応し，施策の検討，実行を担うというスタイルから，地域の各種専門職団体や事業者，住民グループや地縁団体等の参加を得つつ，多様な主体が結合・連携する場を提供するためのコーディネーション機能を持つスタイルに移行するよう推進していく必要があるとしている。

このような議論のなかで，「地域包括支援センター」の体制づくりや業務内容の整理および，国においても「医療保険と介護保険」「障害者支援制度」が別々の制度として運営されている制度面での縦割りからの脱却も時間をかけて推進していくべきだとしている。

この調査研究からも理解できるように，高齢者福祉にかかわらず地域社会に展開できる構想こそが「地域包括ケアシステム」ということになる。政策的には，社会福祉六法などを中心に制度化されてきた歴史があるが，「社会的包摂」をしながら「尊厳の保持」を維持し「参加と協働による地域デザイン」などをはじめとする現代的な理念を実現するための今後の社会のあり方がこの「構想」には込められているといえる。

## 2　地域包括支援センター

「地域包括支援センター」は，2005（平成17）年６月29日に交付された介護保険法等の一部を改正する法律により設置された。「地域包括支援センター」は，包括的ケア体制の実現を目指し，また予防重視型システムを遂行していくための役割を担った機関である。

具体的には「総合相談支援事業」「権利擁護業務」「包括的・継続的ケアマネジメント支援業務」「介護予防ケアマネジメント（第１号介護予防支援事業）」といった役割を担っており，「社会福祉士」「保健師」「主任介護支援専門員」の３職種が必要に応じてチームアプローチをすることとなっている。

この「地域包括」という表現を使用する経緯となった改革が，1994（平成6）年の福祉八法改正と地域保健法の改正・改称であり，従来の国・都道府県レベルの福祉政策から，市町村にその権限を委譲し，保健・福祉を重層的に組み合わせたサービス提供体制の整備を促した時期にまでさかのぼることができよう。

また，従来のサービス提供体制からの改革は，福祉改革のみを意味するのではなく，医療・保健現場における医療改革と合わせて検証していく必要がある。野川（2005）はその変化を「医療法の改正で医療の機能化がすすめられ，入院期間の短縮化と地域ケアを基盤とした利用の推進が行われ，入院当初における入院診療計画の作成にインフォームドコンセント，地域病院との情報提供や活動の連携および協働がケアの一元化のためにさらに重要性を増した[(2)]」と説明しており，地域医療という視点が，医療改革のなかからも注目され，地域医療・保健・ケアといった地域を基盤とした医療・保健・福祉の連携の重要性が高まってきたことを背景と説明している。

また，2000（平成12）年には介護保険法の成立・社会福祉事業法（現社会福祉法）の改正などによって明確に地域福祉の重要性が位置づけられるようになった。そして，野川（2005）は「高齢者保健福祉計画および介護保険法による介護保険事業計画策定等をさらに地域福祉計画へと総合計画化させながら，サービスの整備を図り，障害の有無や年齢にかかわらず，社会生活・参加ができ，その人らしい生活が送れるよう，それぞれの地域において総合的なサービスを受けられる体制を整備すること，すなわち，包括的地域ケアシステム（＝地域トータルケアシステムともいう）を構築することが，喫緊の課題[(3)]」と説明している。

このように，今日までの政策変遷の過程のなかで，地域を基盤とした地域ケアシステムの強化，または連携を促進する意味でも，「トータルケアシステム」あるいは「地域包括支援」といった用語が出現してきたことが理解できる。

ここで，「地域包括支援」という表現について整理しておきたい。厚生労働省は2005（平成17）年12月に「地域包括支援センター業務マニュアル[(4)]」を作成し，関係機関および関係者への周知徹底を図るべく対策を講じている。この業務マニュアルは，総数219ページにわたる広範な領域を網羅しており，地域包括支援への系統的水準の維持，推進あるいは機関の役割などが集約されている。この業務マニュアルによると，「地域包括ケア」に関する説明として次のような記述がある。「地域での生活は介護保険制度はじめ各種制度による公的なサービスだけでは支えられるものではない。これは，自助努力を基本にしながら家族の助け合い，公的なサービスや非公的なサービス，地域の支えあいなどを活用しながら，地域福祉の多様なつながりの中で実現される」ものとしている。つまり，公的なサービスだけでなくインフォーマルな社会資源を含めた総合的な生活支援体制をこの「地域包括支援センター」が担っているということが理解できよう。

また，これらの地域包括支援センターの運用には運営協議会という組織がかかわり，地域包括支援センターの支援・チェックなどを行うこととなっている。

ここで「包括性」ということばについて説明を加えたい。井上（2005）は2000（平成12）年の介護保険制度創設後の状況変化と関連して「ケアの包括性」という視点からつぎのように指摘している。「介護保険制度以降，それまでの自己完結的な家族内老親扶養モデルが〈介護の社会化〉によって揺さぶりを受け，それが〈ケアの包括性〉のゆらぎを顕在化することで，〈ケアの包括性〉が改めて社会問題として指摘されるようになった[(5)]」としている。ここで使用している「ケアの包括性」とは，「ケアを必要とする高齢者の日常生活をみる限り，その生活は継続性と一貫性をもつ連続的な行為のトータリティをもち，そのひとつは細かく分節することが困難なものである（要介護高齢者の日常の連続性[(6)]）」としており，元来高齢者の日常生活は「介護」の問題のみを取り扱いそれに終結するものではなく，日常生活の連続性を前提としているのであり，「介護保険制度は，そういった要介護高齢者の日常生活のトータリティを，『ケア・ニーズ』によって分節化し，時間と専門性を基軸にケア一般を家族成員と家族成員以外の専門家によって分担（分断）することで，社会的に取り扱い可能な『ケア・パッケージ』を作り出したのである（ケアワーカーのサポートの分断性[(7)]）」という制度設計を行っており，分断された生活の連続性を，再度つなぎあわせるための包括的な支援が，従来の介護保険制度には十分構築されていなかったのである。

これらの認識や議論から，2005（平成17）年の介護保険制度の改正へとつながったのであるが，生活の連続性を実現させるべく地域社会に存在するさまざまな社会資源を包括的に統合（integrate）させていくために新たな機関として「地域包括支援センター」が位置づいているのである。

改正介護保険法には，「地域包括支援センター」が明文化し，その具体的な役割が盛り込まれている。その目的は「地域住民の心身の健康の保持及び生活の安定のために必要な援助を行うことにより，その保健医療の向上及び福祉の増進を包括的に支援すること」（介護保険法第115条の46第１項）としており，これら一連の改革のプロセスのなかで，「地域包括」という用語が定着してきたのだと解釈できる。

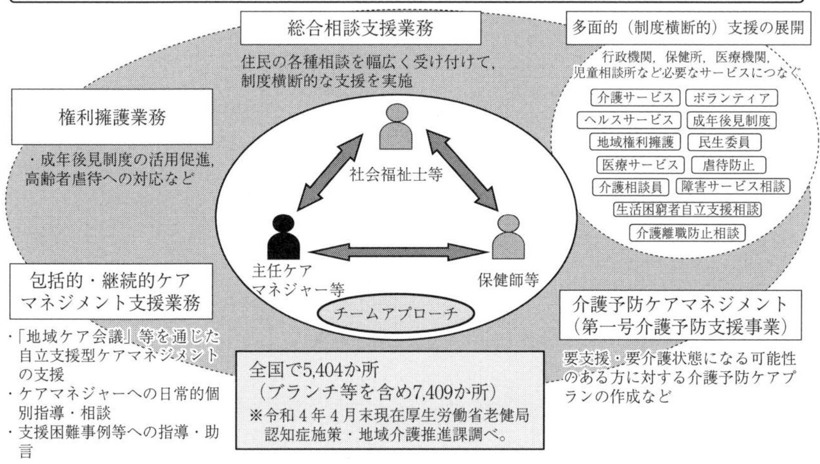


**図13－1　地域包括支援センター概念図**

出所：厚生労働省「地域包括支援センターについて」：https://www.mhlw.go.jp/content/12300000/001046073.pdf（2023年3月30日現在）。

これらの整理を行った上で，改めて「地域包括支援センター」の役割を図示したのが**図13－1**である。この図からも理解できるが，「地域包括支援センター」の役割は，(1)共通的支援基盤構築，(2)総合相談支援，(3)権利擁護，(4)包括的・継続意的ケアマネジメント支援，(5)介護予防ケアマネジメントとその守備範囲は多岐にわたっている。これらの業務が，保健師・社会福祉士・主任介護支援専門員によって担われ，これらの専門職がそれぞれの専門性を発揮しながら相互に連携し，協力して包括的な地域支援を進めていくこととなる。

このように，広範な業務内容とともに，3職種の専門職で構成される「地域包括支援センター」であるが，その業務量について，筒井（2006）は次のように分析している。「人口30万人程度で高齢化率17％の市の高齢者人口は，5.1万人程度となる。このうち5％を特定高齢者と推計すると，約2550名となる。現行の要支援1，要介護1の発生率から推計し要支援1は1100名，また要支援2については，要介護1の75％で推計することとされていることから2200名になる。したがって，地域包括支援センターでマネジメントの対象となる総数は，5850名と示される[8]」となり，これらの対象者に対して，地域包括支援センターが１か所しか存在しない場合，３職種が担当しなければならない総数は，相当な数になると予想されている。つまり，地域包括支援センターの業務は多岐にわたっていることと同時に，介護保険制度の改正の重要項目として公表されている，予防ケアマネジメントに忙殺され，その他の業務にまで十分に機能を発揮することが困難な状況が予想される。

今後，各市町村でこれらの業務量と人員配置を精査し，適切なサービス提供を行おうとすると，必然的に「地域包括支援センター」の人員の強化あるいは，設置の増設を検討しなければならないであろう。

### 注

(1)　三菱 UFJ リサーチ＆コンサルティング「2040年：多元的社会における地域包括ケアシステム――『参加』と『協働』でつくる包摂的な社会」2019年３月。

(2)　野川とも江「地域福祉の推進と住民の意識――社会福祉の新しい視座」『社会福祉研究』第93号，2005年，p.54。

(3)　野川とも江，前掲論文，p.54。

(4)　厚生労働省「地域包括支援センター業務マニュアル」2005年。

(5)　井上信宏「地域包括ケアシステムの担い手とケアマネジメント・ネットワークの構築」『信州大学経済学部論集』第53号，2005年，p.78。

(6)　井上信宏，前掲論文，p.78。

(7)　井上信宏，前掲論文，p.78。

(8)　筒井孝子「改正介護保険法における地域包括ケア体制とは――地域包括支援センターの課題」『保健医療科学』第55巻第１号，2006年，p.15。

### 参考文献

三菱 UFJ リサーチ＆コンサルティング「2040年：多元的社会における地域包括ケアシステム――『参加』と『協働』でつくる包摂的な社会」2019年３月。

野川とも江「地域福祉の推進と住民の意識――社会福祉の新しい視座」『社会福祉研究』第93号，2005年。

厚生労働省「地域包括支援センター業務マニュアル」2005年。

井上信宏「地域包括ケアシステムの担い手とケアマネジメント・ネットワークの構築」『信州大学経済学部論集』第53号，2005年。

筒井孝子「改正介護保険法における地域包括ケア体制とは――地域包括支援センターの課題」『保健医療科学』第55巻第1号，2006年。

# 第14章　高齢者福祉政策の近年の動向

## 1　高齢者住まい法

これまで，高齢者の住環境の確保という視点から度重なる法律の改正が行われてきた。また，住宅の確保という視点から国土交通省，ケアサービスの提供という視点から厚生労働省が一体となって検討がなされてきた。

わが国の特徴として，いわゆる「持ち家政策」の促進から高い持ち家率を維持してきたことがある。しかし，高齢期の方にとってバリアフリー住宅などへのリフォーム費用は高額になることから，多額の費用を使って改修することを避け，貯蓄を優先する方が多いと考えられる。

また，持ち家でない方にとって高齢期にバリアフリー住宅に転居するにも，収入の関係や保証人の確保，あるいは物件保有者から入居自体を断られるケースも多々あると指摘されてきた。特に賃貸物件に関しては，家賃の滞納や孤独死リスクといった側面からも物件数が極端に少ないといった現実もある。

これまでの，高齢者福祉政策では特別養護老人ホーム，老人保健施設，あるいは有料老人ホームなどケアが必要な高齢者に対して推進されてきた。しかし，これらの施設も高齢者向けの住宅政策，福祉施策を統合する観点から法律の改変が重ねられてきた。

今日の，大きな転換点として2011（平成23）年の抜本的改正によって「サービス付き高齢者住宅（サ高住）」が創設され，介護保険制度の活用と住宅政策という視点がかみ合わさった形態が創設されたことが特徴といえる。

特別養護老人ホームの設置[(1)]は，社会福祉法人にしか認められておらず，設置基準も厳しい。しかし，高齢者の住まいという「住宅政策」の視点からみて，サ高住は，建設にかかわる初期費用の面や，人員配置などの面からも特別養護老人ホーム建設より費用の低減が見込まれ，また民間企業の参入などの面からも近年都市部を中心に急速な増加傾向にある。また，考え方として高齢者の住まいの確保という視点と，見守りやケアが必要な高齢者へ介護保険制度によるケアサービスも利用可能であり，高齢者向けの賃貸住宅とケア施設を複合的に兼ね備えているという特徴がある。

ここで，サ高住の概要について，以下にまとめておく。

(1) サ高住は，バリアフリー化や居住者への生活支援の実施等の基準を満たす住宅について都道府県等が登録を実施することとなっており，基準を満たす住宅を登録申請に基づき都道府県が登録する（認可申請とは異なる）。なお，サ高住の登録制度は，「高齢者の居住の安定確保に関する法律」（高齢者住まい法）の改正により，2011（平成23）年10月に創設された。

(2) 料金やサービス内容など住宅に関する情報が事業者から開示されることにより，居住者のニーズにあった住まいの選択が可能となっている。

次に，登録基準について整理しておく。ハード面では，床面積が原則25平方メートル以上を有していること，構造・設備が一定の基準を満たすこととし，バリアフリー構造であること（廊下幅，段差解消，手すり設置）。またサービス面では，「安否確認サービス」「生活相談サービス」が必須サービスとなっており，その他のサービスでは「食事の提供」「清掃」「洗濯等の家事援助」を付帯することもできるとしている。

また，高齢者の住まいの確保という視点からは，「長期入院を理由に事業者から一方的に解約できない」こととしているなど，居住の安定が図られた契約であること，「敷金，家賃，サービス対価」以外の金銭を徴収しないこと等となっており，利用に際して安定的な住居の確保を目的としている。

最後に，入居者要件として，60歳以上の者又は要支援・要介護認定者等としており，特別養護老人ホームなどの65歳以上かつ要介護３以上の利用者という基準よりゆるやかとなっている（サ高住に入居後に要介護度に変化があっても契約解除にはならない）。

**図14－1**では，高齢者向け住まい・施設の利用者数の推移を表しているが，特別養護老人ホーム，有料老人ホーム，老人保健施設に次いでサ高住の利用者

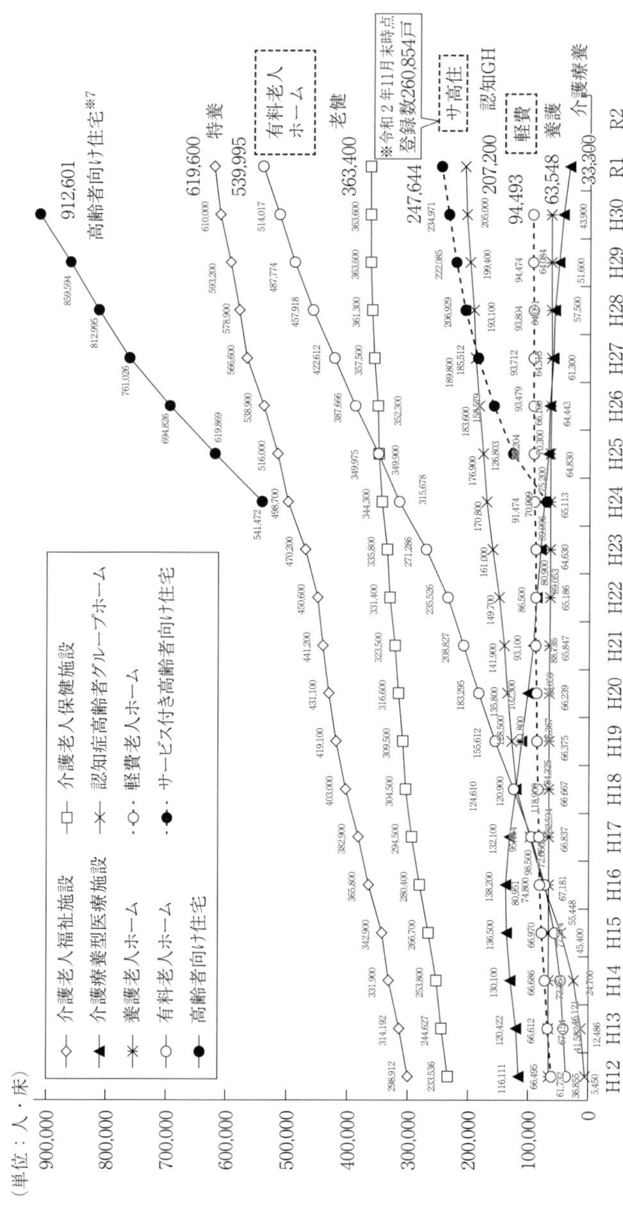


図14－1　高齢者向け住まい・施設の利用者数推移

出所：国土交通省「第5回サービス付き高齢者向け住宅に関する懇談会資料」p. 3：https://www.mlit.go.jp/jutakukentiku/house/content/001381203.pdf（2023年12月15日現在）。

数が増加している。また，運営法人は株式会社をはじめ社会福祉法人，医療法人なども参入が認められている。

高齢者の高齢者福祉政策の視点から分析すると，設置基準や運営法人などの規制が強い特別養護老人ホームなどは長期的な視点から必要不可欠と考えられる。一方で，急速な高齢化や高齢者の住宅確保といった視点からは，民間活力を導入しやすい形態のものとして，サ高住などが注目される。また，長期的にはピークを過ぎた後の業態変更が容易であることや，それにかかわる耐用年数（投資資金の回収後）を過ぎた時点での事業計画も視野に入れることができる。一方で，ハード面をクリアしたとしてもそこで働くマンパワーの確保や，労働条件，キャリアを積み重ね専門職としての人材定着をはかることができるかといった側面は介護報酬との関係や，利用者負担のあり方などと深くかかわっており，サービス面での質的低下を維持することが重要な視点となってくると考えられる。

## 2　孤独・孤立対策推進法

本法律は2022（令和４）年度第211回通常国会（2023年３月３日）において成立し，法律の施行を2024（令和６）年４月１日としている。

この法律成立の背景となるものは，近年増加の一途をたどる一人で暮らす単身高齢者が増加していることが大きな要因として挙げられる。もっとも，法令の内容は高齢者に限定せず全世代を対象としたものとして理解でき，法律の趣旨にも「『孤独・孤立に悩む人を誰ひとり取り残さない社会』『相互に支え合い，人と人との「つながり」が生まれる社会』を目指す」とあり，人生のあらゆる段階において何人にも生じ得るものとされている。

ただし，特筆しておきたいことは，高齢者の「孤立死」「孤独死」「独居死」などが今後も増加することが予測され，早急に社会的対応を検討する時期に来たといえる。

上記，「孤独死」「孤立死」に関する明確な定義はないが，簡単に整理すると次のように理解することができる。「孤立死」とは，家族や近隣住民との関わりが希薄で，社会から孤立した状態で誰にも看取られることなく亡くなることを指す。また，「孤独死」とは，何らかの原因で，亡くなる際に誰にも看取られず亡くなったことを指す。さらに説明を加えるなら家族や親族，近隣住民とも，ある程度の交流はあったものの亡くなる際にひとりの状態であった場合を意味している。

また「独居死」とは，社会から孤立してしまったために一人暮らしをして，住居内で亡くなっても，誰も助けてくれる者を呼べないうちに亡くなってしまい，発見されないことを指す(2)と理解されている。

これらの違いは，その「亡くなっている状況」によるが，「孤独死」の場合は，亡くなってから3日以内であれば早期といわれており，冬場であれば遺体の腐敗もさほど進まず，住居を血液や汚物で汚してしまうことも最小限で済む場合が多い。それに対して，「独居死」の場合は，長期放置されてから発見されることが多い。

2021（令和3）年版の高齢社会白書によれば，東京都23区内における一人暮らしの65歳以上の自宅での死亡者数は2009（平成21）年の2194人から2019（令和元）年は3936人と1.8倍に増加している。2009（平成21）年以降の動向を見てみると，自宅で亡くなった一人暮らし高齢者数は一貫して増加しており，また発見者の内訳は，管理人（3割）が最も多く，次に親族（2割）が多くなっている。「親族」に発見されるケースは多いが，家族と同居していないことや，家族と疎遠だった可能性があると考えられる。

このように，孤独死の社会的背景が，家族構造の変化と地域生活における人間関係の変化によるものだということが理解できる。

新聞記事からは，「2012年1月末，北海道札幌市に住む40代の姉妹がマンションの自室で遺体として発見された。マンションの管理会社が姉妹と連絡が取れないことに異変を感じ，警察に通報したことで発見に至った。姉は12月下旬～1月初旬に病死（脳内血腫），妹は1月初旬～中旬に凍死，姉が病死した後，知的障害があった妹が自力で生活できずに凍死したとみられている(3)」といった事例や，「2022年4月，愛知県に住む夫婦（夫80歳，妻71歳）が自宅で遺体として発見された。夫婦の遺体を発見したのは市内の大家の男性ら。市職員から水

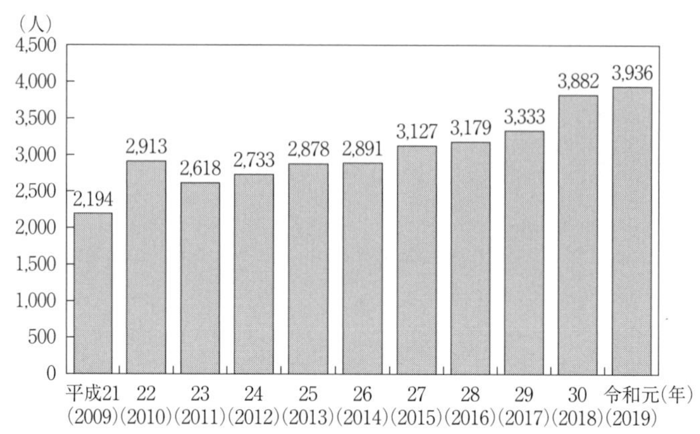


**図14－2　東京23区内における一人暮らしで65歳以上の人の自宅での死亡者数**

出所：内閣府『令和３年版　高齢社会白書』p.52。

道の使用量が急減したことを知らされ，安否確認のため自宅を訪ねたところ，六畳ほどの居間で夫，布団が敷かれた奥の三畳間で妻が倒れていた。夫婦共に死後１～３ヶ月程経過，夫の首元に衣類が巻かれていたことから，妻が自然死した後に夫が後を追って自殺したとみられている。妻には認知症の疑いがあり，近隣住民らが『奥さんの顔は見たことがない』，『男性が一人で暮らしていると思っていた』と話す程自宅に引きこもりがちだった[(4)]」など，長期間発見されないケースが発生している。

このような事件の背景には，核家族化や近隣住民との交流など，社会とのつながりを失っていったことが共通の課題としてあると考えられる。

上記の傾向は今後も増加することが予測されることから，今回の法律によってそのような事例を可能な限り無くしていくためにも，同法律第23条には，「本部に係る事項については，内閣法にいう主任の大臣は，内閣総理大臣とする」と明記され，社会的解決課題として政府全体で取り組むとされている。

以下，法律の概要について概観する。

法案提出の趣旨として，近時における社会の変化を踏まえ，日常生活若しくは社会生活において孤独を覚えることにより，又は社会から孤立していることにより心身に有害な影響を受けている状態にある者への支援等に関する取り組みについて，その基本理念，国等の責務，施策の基本となる事項及び孤独・孤立対策推進本部の設置等について定める。「孤独・孤立に悩む人を誰ひとり取り残さない社会」「相互に支え合い，人と人との『つながり』が生まれる社会」を目指すとされている。

以下，法律内容の概要に触れておく。

①　基本理念

孤独・孤立対策（孤独・孤立の状態となることの予防，孤独・孤立の状態にある者への迅速かつ適切な支援その他孤独・孤立の状態から脱却することに資する取り組み）について，次の事項を基本理念として定める。

(1)　孤独・孤立の状態は人生のあらゆる段階において何人にも生じ得るものであり，社会のあらゆる分野において孤独・孤立対策の推進を図ることが重要であること。

(2)　孤独・孤立の状態にある者及びその家族等（当事者等）の立場に立って，当事者等の状況に応じた支援が継続的に行われること。

(3)　当事者等に対しては，その意向に沿って当事者等が社会及び他者との関わりを持つことにより孤独・孤立の状態から脱却して日常生活及び社会生活を円滑に営むことができるようになることを目標として，必要な支援が行われること。

②　国等の責務等

孤独・孤立対策に関し，国・地方公共団体の責務，国民の理解・協力，関係者の連携・協力等を規定する。

③　基本的施策

・孤独・孤立対策の重点計画の作成

・孤独・孤立対策に関する国民の理解の増進，多様な主体の自主的活動に資する啓発

・相談支援（当事者等からの相談に応じ，必要な助言等の支援）の推進

・関係者（国，地方公共団体，当事者等への支援を行う者等）の連携・協働の促進
・当事者等への支援を行う人材の確保・養成・資質向上
・地方公共団体及び当事者等への支援を行う者に対する支援
・孤独・孤立の状態にある者の実態等に関する調査研究の推進

④　推進体制

・内閣府に特別の機関として，孤独・孤立対策推進本部（重点計画の作成等）を置く。
・地方公共団体は，関係機関等により構成され，必要な情報交換及び支援内容に関する協議を行う孤独・孤立対策地域協議会を置くよう努める。
・協議会の事務に従事する者等に係る秘密保持義務及び罰則規定を設ける[(5)]」とし，法律施行は2024（令和６）年４月１日となり，今後の基本的な実態把握，調査研究などを通じてその社会的解決課題に対応することが決定された。

最後に，福祉政策の視点から分析をするならば，社会問題として認識されるようになった「孤立」「孤独」問題に対して，政府が法律を創設したことは評価できる。一方で，この法律に基づく予算措置や推進体制などについてはいまだ明確にされておらず，具体的な法律の趣旨と並行した議論が必要になる。現実的には，住民に身近な市町村が主体となり，地域福祉を推進する社会福祉協議会や地域包括支援センター，民生委員および自治会での見守り活動などが想起されるが，自治会加入率の低下や民生委員のなり手不足，多様な地域住民への支援に行政機関と民間がどのように協働していくべきかなどといった視点が，政策上の課題として挙げられる。しかしながら，政府としてこれらの問題を認識していることは評価でき，実効性あるものにしていくため官民あわせた取り組みや工夫が求められてくると考えられる。

## 3　高齢社会とビジネスケアラー

2023（令和５）年３月に，経済産業省によって「新しい健康社会の実現[(6)]」と

いう報告書が公表された。その内容では，高齢社会への移行とともに働き盛りの40代から50代の世代に親の介護問題に直面する者が相当数存在するとしている。そして，仕事をしながら家族等の介護に従事する者を総称して「ビジネスケアラー」としている。そのような者が年々増加傾向にあり，最終的に仕事と介護の両立が困難となり職場を去ってしまう者（介護離職者）の問題が政府（経済産業省の分析）として認識されるようになった。今後，「仕事と介護に関する問題の顕在化が進むと予想される中，2030年には経済損失が約9.1兆円となる見込み[(7)]」として，その社会的課題と向き合う必要性を指摘している。

また，**図14－3**では「我が国が直面する課題と目指すべき方向性」として，2020（令和２）年の高齢化率が28.7％から2050年には37．7％に増大することと，それに関連する社会保障給付費が2025年の約140兆円から2040年には190兆円に増大することが予想されている。これらの社会状況の変化に伴い，「人々の健康への投資，医療の質の高度化や，公的保険の範囲にとらわれない産業発展が重要[(8)]」であると指摘している。

これらの指摘は，生産年齢人口が減少するなかで，働き盛りの現役世代が介護離職を決断し，労働市場から撤退するという両面からの社会経済的損失として問題提起している。さらに，これらの状況を乗り越えるために新たな産業市場の拡大と捉え，対応していくべきであるとしている。

また，経済産業省の立場から，**図14－4**の課題について整理されている。特に生産年齢人口が今後30％以上減少すると同時に，総人口の約40％が高齢者となりその内約10％が要介護者となることが予測されている。このことは，今後の社会保障給付費の推移でみると2025年約140兆円から，2040年には190兆円に増大することが予想されている。そのなかで，社会保障制度を支える労働者が，親の介護を理由に労働市場から撤退することがさらに社会保障や経済発展において損失であることを強調している。

これらの社会状況の変化に対してネガティブに捉えるだけでなく，「介護」領域における投資の好循環を目指すべくデジタル技術の進展や介護機器（介護ロボット）などの開発などを進めると同時に，公的介護保険を補完する形で，既存サービスでは充足されない生活関連ニーズを整理するとともに，地域に根差した事業者（スーパー，薬局等）などと協力しながら地域包括ケアシステムを強化していくべきとしている。

これらの提言は，経済産業省という視点からの方向性であるが，先駆的な取り組みを国内市場だけでなく海外市場にも拡大するべく，官民あわせた協力をすすめるという提言である。もっとも，これまでも介護機器や福祉用具，介護食などの開発は民間企業を中心に進められてきた。しかし，さらなる介護労働の労働生産性を向上させることは，国内だけでなく海外にもそのニーズが広がる可能性は否定できない。今後は開発費用と商品化された物の価格設定や，安全性や有効性などの問題も同時に検討しなければならない。また，実態的なサービスの担い手であるマンパワーの問題であるが，労働人口が減少するなかで，政府としても海外からの労働者の受け入れも検討しなければならない。全面的に移民政策を導入していない我が国おいて，技能実習生の受け入れ態勢や，制度上の問題，外国人労働者への差別や偏見などといった問題をどうすべきかなど，真剣に考えなければならない時に来ている。特に介護労働現場では，国家資格である介護福祉士の取得や，受け入れ国の限定[(9)]など規制が加えられている。難解な日本語（漢字，ひらなが，かたかな，専門用語など）を理解し，さらに技術の習得と同時に，国家試験に合格しなければならないなど，ハードルが高く設定されている。一方で，日本の養成施設や短大，大学などで介護福祉士の専門課程を卒業し，国家資格を取得した場合は在留資格が与えられることとなっている。これらの制度を活用し日本に定住することも可能となっているが，留学費用をねん出しながら介護業務に従事する海外の若者がどの程度日本を選択するのかは注視しなければならない。

日本の研究では，介護労働を単なる身体的ケアという側面にとどまらず，「感情労働」として捉えるべきとする研究論文が多数執筆されている[(10)]。たとえば認知症高齢者へのケア場面，ターミナルケア，看取りケアの場面，チームアプローチをする場面など，コミュニケーションを円滑にしながらも，人の感情を介在する高度な専門職であるという側面である。その人材育成には，生命倫理や，死生観，スピリチュアルな側面，援助者としての感情コントロール，職業倫理などの人間哲学などの理解も不可欠となる。

○　高齢化の進行に伴い，日本全体でビジネスケアラー（仕事をしながら家族等の介護に従事する者）の数が増加。<u>介護離職者は毎年約10万人であり，2030年には，家族介護者のうち約４割（約318万人）がビジネスケアラーになる見込み</u>。

○　仕事と介護に関する問題の顕在化が進むと予想される中，2030年には経済損失が約9.1兆円となる見込み。内訳を見ると，<u>仕事と介護の両立困難による労働生産性損失が占める割合が極めて大きい</u>。

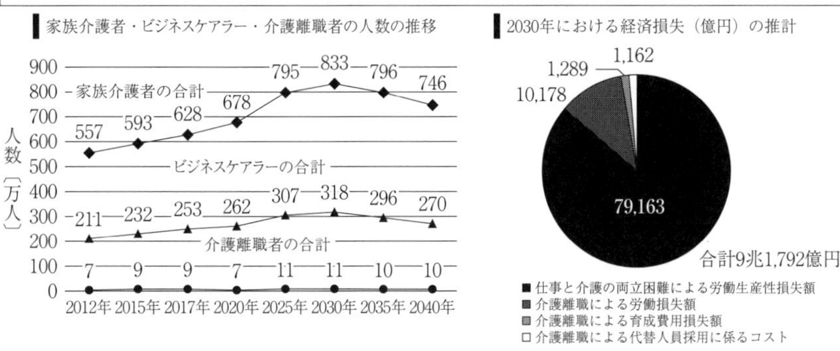


図14－3　高齢化の進行に伴う介護者負担の増大

出所：経済産業省：「新しい健康社会の実現」：https://www.meti.go.jp/shingikai/sankoshin/shin_kijiku/pdf/013_03_00.pdf（2023年12月15日現在）より抜粋。

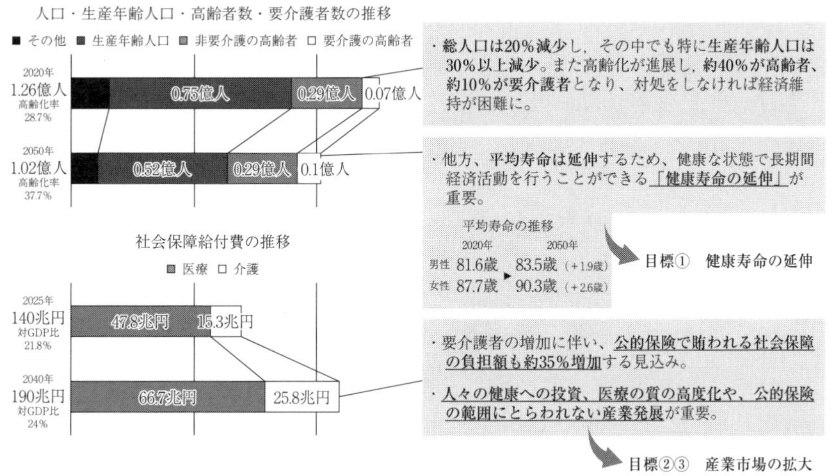


図14－4　我が国が直面する課題と目指すべき方向性

出所：図14－3と同じ。

このように，ヒューマンサービスとデジタル技術，ケア関連機器，ヘルスケア製品・サービスなど多様な要素を駆使しながら社会解決課題に向き合っていかなければならないといえる。

注

(1) 「特別養護老人ホームの設備及び運営に関する基準」(平成11年厚生省令第46号）では，設置基準が明記されており，入居者３人に対して１人の介護職の配置義務や，30人未満に１人の看護師（または准看護師），生活相談員，栄養士，機能訓練指導員，事務員，調理員の配置や，居室面積，食堂その他の施設設備に関する規定が設けられている。詳細は e-GOV: https://elaws.e-gov.go.jp/document?lawid=411M50000100046（2023年12月15日現在）。

(2) 中沢卓実・結城康博『孤独死を防ぐ――支援の実際と政策の動向』ミネルヴァ書房，2012年。

(3) 日本経済新聞「札幌のマンションで40代姉妹が孤立死」2012年１月25日。

(4) 中日新聞「夫婦孤立死，届かぬ見守り　蒲郡気付かれず数カ月…妻は認知症の疑い」2022年６月19日。

(5) 内閣官房：https://www.cas.go.jp/jp/seisaku/suisinhou/suisinhou.pdf（2023年12月15日現在）。

(6) 経済産業省：「新しい健康社会の実現」：https://www.meti.go.jp/shingikai/sankoshin/shin_kijiku/pdf/013_03_00.pdf（2023年12月15日現在）。

(7) 経済産業省：「新しい健康社会の実現」p.32：https://www.meti.go.jp/shingikai/sankoshin/shin_kijiku/pdf/013_03_00.pdf（2023年12月15日現在）。

(8) 経済産業省：「新しい健康社会の実現」p. 8 ：https://www.meti.go.jp/shingikai/sankoshin/shin_kijiku/pdf/013_03_00.pdf（2023年12月15日現在）。

(9) EPA（経済連携協定）により，インドネシア，フィリピン，ベトナムの３か国になっている。詳細は，厚生労働省「外国人介護人材受入れの仕組み」：https://www.mhlw.go.jp/content/12000000/000994004.pdf（2023年12月15日現在）。

(10) CiNii で，「感情労働　介護」で検索した結果，研究論文65本，博士論文４本，書籍１冊が検出された。2023年12月15日現在。

参考文献

中沢卓実・結城康博『孤独死を防ぐ――支援の実際と政策の動向』ミネルヴァ書房，

2012年。
石田光規『孤立の社会学——無縁社会の処方箋』勁草書房，2011年。
斎藤雅茂『高齢者の社会的孤立と地域福祉』明石書店，2018年。
渋谷智子・村上靖彦「ヤングケアラー」『現代思想』第50巻第14号，2022年。
美齊津康弘『48歳で認知症になった母』KADOKAWA，2022年。

# 資　料

調査は、調査対象者が通常の状態（調査可能な状態）であるときに実施して下さい。本人が風邪をひいて高熱を出している等、通常の状態でない場合は再調査を行って下さい。

保険者番号 ＿＿＿＿ 被保険者番号＿＿＿＿＿＿

# 認定調査票（概況調査）

## Ⅰ 調査実施者（記入者）

| 実施日時 | 平成　年　月　日 | 実施場所 | 自宅内 ・ 自宅外（　　　） |
|---|---|---|---|
| ふりがな<br>記入者氏名 | | 所属機関 | |

## Ⅱ 調査対象者

| 過去の認定 | 初回・２回め以降<br>（前回認定　年　月　日） | 前回認定結果 | | 非該当・要支援（　）・要介護（　） |
|---|---|---|---|---|
| ふりがな<br>対象者氏名 | | 性別 | 男・女 | 生年月日　明治・大正・昭和<br>年　月　日（　歳） |
| 現住所 | 〒　－ | | 電話 | －　－ |
| 家族等<br>連絡先 | 〒　－<br>氏名（　　）調査対象者との関係（　　） | | 電話 | －　－ |

## Ⅲ 現在受けているサービスの状況についてチェック及び頻度を記入してください。

在宅利用〔認定調査を行った月のサービス利用回数を記入。（介護予防）福祉用具貸与は調査日時点の、特定（介護予防）福祉用具販売は過去６月の品目数を記載〕

| | | | | | |
|---|---|---|---|---|---|
| □訪問介護（ホームヘルプ）・訪問型サービス | 月 | 回 | □（介護予防）福祉用具貸与 | | 品目 |
| □（介護予防）訪問入浴介護 | 月 | 回 | □特定（介護予防）福祉用具販売 | | 品目 |
| □（介護予防）訪問看護 | 月 | 回 | □住宅改修 | | あり・なし |
| □（介護予防）訪問リハビリテーション | 月 | 回 | □夜間対応型訪問介護 | 月 | 日 |
| □（介護予防）居宅療養管理指導 | 月 | 回 | □（介護予防）認知症対応型通所介護 | 月 | 日 |
| □通所介護（デイサービス）・通所型サービス | 月 | 回 | □（介護予防）小規模多機能型居宅介護 | 月 | 日 |
| □（介護予防）通所リハビリテーション（デイケア） | 月 | 回 | □（介護予防）認知症対応型共同生活介護 | 月 | 日 |
| □（介護予防）短期入所生活介護（ショートステイ） | 月 | 日 | □地域密着型特定施設入居者生活介護 | 月 | 日 |
| □（介護予防）短期入所療養介護（療養ショート） | 月 | 日 | □地域密着型介護老人福祉施設入所者生活介護 | 月 | 日 |
| □（介護予防）特定施設入居者生活介護 | 月 | 日 | □定期巡回・随時対応型訪問介護看護 | 月 | 回 |
| □看護小規模多機能型居宅介護 | 月 | 日 | | | |
| □市町村特別給付［　　］ | | | | | |
| □介護保険給付外の在宅サービス［　　］ | | | | | |

施設等利用

□介護老人福祉施設　□介護老人保健施設　□介護療養型医療施設　□介護医療院　□特定施設入居者生活介護適用施設
□認知症対応型共同生活介護適用施設（グループホーム）　□医療機関（医療保険適用療養病床）　□医療機関（療養病床以外）
□養護老人ホーム※1　□軽費老人ホーム※1　□有料老人ホーム※1, 2　□サービス付き高齢者向け住宅※1　□その他の施設等

施設等連絡先

施設等名 ＿＿＿＿＿＿＿＿
郵便番号　－　　電話　－　－
住所

※1 特定施設入居者生活介護適用施設を除く。　※2 サービス付き高齢者向け住宅の登録を受けているものを除く。

## Ⅳ 調査対象者の家族状況、調査対象者の居住環境（外出が困難になるなど日常生活に支障となるような環境の有無）、施設等における状況、日常的に使用する機器・器械の有無等について特記すべき事項を記入してください。

※家族状況　□独居　□同居（夫婦のみ）　□同居（その他）
（家族状況については、左のいずれかにチェックするとともに特記すべき事項を記載）

## 認定調査票（基本調査）

1-1　麻痺等の有無について、あてはまる番号すべてに○印をつけてください。（複数回答可）

| 1. ない | 2. 左上肢 | 3. 右上肢 | 4. 左下肢 | 5. 右下肢 | 6. その他（四肢の欠損） |
|---|---|---|---|---|---|

1-2　拘縮の有無について、あてはまる番号すべてに○印をつけてください。（複数回答可）

| 1. ない | 2. 肩関節 | 3. 股関節 | 4. 膝関節 | 5. その他（四肢の欠損） |
|---|---|---|---|---|

1-3　寝返りについて、あてはまる番号に一つだけ○印をつけてください。

| 1. つかまらないでできる | 2. 何かにつかまればできる | 3. できない |
|---|---|---|

1-4　起き上がりについて、あてはまる番号に一つだけ○印をつけてください。

| 1. つかまらないでできる | 2. 何かにつかまればできる | 3. できない |
|---|---|---|

1-5　座位保持について、あてはまる番号に一つだけ○印をつけてください。

| 1. できる | 2. 自分の手で支えればできる | 3. 支えてもらえればできる | 4. できない |
|---|---|---|---|

1-6　両足での立位保持について、あてはまる番号に一つだけ○印をつけてください。

| 1. 支えなしでできる | 2. 何か支えがあればできる | 3. できない |
|---|---|---|

1-7　歩行について、あてはまる番号に一つだけ○印をつけてください。

| 1. つかまらないでできる | 2. 何かにつかまればできる | 3. できない |
|---|---|---|

1-8　立ち上がりについて、あてはまる番号に一つだけ○印をつけてください。

| 1. つかまらないでできる | 2. 何かにつかまればできる | 3. できない |
|---|---|---|

1-9　片足での立位保持について、あてはまる番号に一つだけ○印をつけてください。

| 1. 支えなしでできる | 2. 何か支えがあればできる | 3. できない |
|---|---|---|

1-10　洗身について、あてはまる番号に一つだけ○印をつけてください。

| 1. 介助されていない | 2. 一部介助 | 3. 全介助 | 4. 行っていない |
|---|---|---|---|

1-11　つめ切りについて、あてはまる番号に一つだけ○印をつけてください。

| 1. 介助されていない | 2. 一部介助 | 3. 全介助 |
|---|---|---|

**1-12　視力について、あてはまる番号に一つだけ○印をつけてください。**

1. 普通（日常生活に支障がない）
2. 約 1m離れた視力確認表の図が見える
3. 目の前に置いた視力確認表の図が見える
4. ほとんど見えない
5. 見えているのか判断不能

**1-13　聴力について、あてはまる番号に一つだけ○印をつけてください。**

1. 普通
2. 普通の声がやっと聞き取れる
3. かなり大きな声なら何とか聞き取れる
4. ほとんど聞えない
5. 聞えているのか判断不能

**2-1　移乗について、あてはまる番号に一つだけ○印をつけてください。**

1. 介助されていない　2. 見守り等　3. 一部介助　4. 全介助

**2-2　移動について、あてはまる番号に一つだけ○印をつけてください。**

1. 介助されていない　2. 見守り等　3. 一部介助　4. 全介助

**2-3　えん下について、あてはまる番号に一つだけ○印をつけてください。**

1. できる　2. 見守り等　3. できない

**2-4　食事摂取について、あてはまる番号に一つだけ○印をつけてください。**

1. 介助されていない　2. 見守り等　3. 一部介助　4. 全介助

**2-5　排尿について、あてはまる番号に一つだけ○印をつけてください。**

1. 介助されていない　2. 見守り等　3. 一部介助　4. 全介助

**2-6　排便について、あてはまる番号に一つだけ○印をつけてください。**

1. 介助されていない　2. 見守り等　3. 一部介助　4. 全介助

**2-7　口腔清潔について、あてはまる番号に一つだけ○印をつけてください。**

1. 介助されていない　2. 一部介助　3. 全介助

**2-8　洗顔について、あてはまる番号に一つだけ○印をつけてください。**

1. 介助されていない　2. 一部介助　3. 全介助

2-9　整髪について、あてはまる番号に一つだけ○印をつけてください。

| 1. 介助されていない | 2. 一部介助 | 3. 全介助 |
|---|---|---|

2-10　上衣の着脱について、あてはまる番号に一つだけ○印をつけてください。

| 1. 介助されていない | 2. 見守り等 | 3.　一部介助 | 4.　全介助 |
|---|---|---|---|

2-11　ズボン等の着脱について、あてはまる番号に一つだけ○印をつけてください。

| 1. 介助されていない | 2. 見守り等 | 3.　一部介助 | 4.　全介助 |
|---|---|---|---|

2-12　外出頻度について、あてはまる番号に一つだけ○印をつけてください。

| 1. 週 1 回以上 | 2. 月 1 回以上 | 3. 月 1 回未満 |
|---|---|---|

3-1　意思の伝達について、あてはまる番号に一つだけ○印をつけてください。

1. 調査対象者が意思を他者に伝達できる
2. ときどき伝達できる
3. ほとんど伝達できない
4. できない

3-2　毎日の日課を理解することについて、あてはまる番号に一つだけ○印をつけてください

| 1. できる | 2. できない |
|---|---|

3-3　生年月日や年齢を言うことについて、あてはまる番号に一つだけ○印をつけてください。

| 1. できる | 2. できない |
|---|---|

3-4　短期記憶（面接調査の直前に何をしていたか思い出す）について、あてはまる番号に一つだけ○印をつけてください。

| 1. できる | 2. できない |
|---|---|

3-5　自分の名前を言うことについて、あてはまる番号に一つだけ○印をつけてください。

| 1. できる | 2. できない |
|---|---|

3-6　今の季節を理解することについて、あてはまる番号に一つだけ○印をつけてください。

| 1. できる | 2. できない |
|---|---|

3-7　場所の理解（自分がいる場所を答える）について、あてはまる番号に一つだけ○印をつけてください。

| 1. できる | 2. できない |
|---|---|

3-8　徘徊について、あてはまる番号に一つだけ○印をつけてください。

| 1. ない | 2. ときどきある | 3. ある |
|---|---|---|

3-9　外出すると戻れないことについて、あてはまる番号に一つだけ○印をつけてください。

| 1. ない | 2. ときどきある | 3. ある |
|---|---|---|

4-1　物を盗られたなどと被害的になることについて、あてはまる番号に一つだけ○印をつけてください。

| 1. ない | 2. ときどきある | 3. ある |
|---|---|---|

4-2　作話をすることについて、あてはまる番号に一つだけ○印をつけてください。

| 1. ない | 2. ときどきある | 3. ある |
|---|---|---|

4-3　泣いたり、笑ったりして感情が不安定になることについて、あてはまる番号に一つだけ○印をつけてください。

| 1. ない | 2. ときどきある | 3. ある |
|---|---|---|

4-4　昼夜の逆転について、あてはまる番号に一つだけ○印をつけてください。

| 1. ない | 2. ときどきある | 3. ある |
|---|---|---|

4-5　しつこく同じ話をすることについて、あてはまる番号に一つだけ○印をつけてください。

| 1. ない | 2. ときどきある | 3. ある |
|---|---|---|

4-6　大声をだすことについて、あてはまる番号に一つだけ○印をつけてください。

| 1. ない | 2. ときどきある | 3. ある |
|---|---|---|

4-7　介護に抵抗することについて、あてはまる番号に一つだけ○印をつけてください。

| 1. ない | 2. ときどきある | 3. ある |
|---|---|---|

4-8　「家に帰る」等と言い落ち着きがないことについて、あてはまる番号に一つだけ○印をつけてください。

| 1. ない | 2. ときどきある | 3. ある |
|---|---|---|

4-9　一人で外に出たがり目が離せないことについて、あてはまる番号に一つだけ○印をつけてください。

| 1. ない | 2. ときどきある | 3. ある |
|---|---|---|

4-10　いろいろなものを集めたり、無断でもってくることについて、あてはまる番号に一つだけ○印をつけてください。

| 1. ない | 2. ときどきある | 3. ある |
|---|---|---|

4-11　物を壊したり、衣類を破いたりすることについて、あてはまる番号に一つだけ○印をつけてください。

| 1. ない | 2. ときどきある | 3. ある |
|---|---|---|

4-12　ひどい物忘れについて、あてはまる番号に一つだけ○印をつけてください。

| 1. ない | 2. ときどきある | 3. ある |
|---|---|---|

4-13　意味もなく独り言や独り笑いをすることについて、あてはまる番号に一つだけ○印をつけてください。

| 1. ない | 2. ときどきある | 3. ある |
|---|---|---|

4-14　自分勝手に行動することについて、あてはまる番号に一つだけ○印をつけてください。

| 1. ない | 2. ときどきある | 3. ある |
|---|---|---|

4-15　話がまとまらず、会話にならないことについて、あてはまる番号に一つだけ○印をつけてください。

| 1. ない | 2. ときどきある | 3. ある |
|---|---|---|

5-1　薬の内服について、あてはまる番号に一つだけ○印をつけてください。

| 1. 介助されていない | 2. 一部介助 | 3. 全介助 |
|---|---|---|

5-2　金銭の管理について、あてはまる番号に一つだけ○印をつけてください。

| 1. 介助されていない | 2. 一部介助 | 3. 全介助 |
|---|---|---|

5-3　日常の意思決定について、あてはまる番号に一つだけ○印をつけてください。

| 1. できる（特別な場合でもできる） | 2. 特別な場合を除いてできる | 3. 日常的に困難 | 4. できない |
|---|---|---|---|

5-4　集団への不適応について、あてはまる番号に一つだけ○印をつけてください。

| 1. ない | 2. ときどきある | 3. ある |
|---|---|---|

5-5　買い物について、あてはまる番号に一つだけ○印をつけてください。

| 1. 介助されていない | 2. 見守り等 | 3.　一部介助 | 4.　全介助 |
|---|---|---|---|

5-6　簡単な調理について、あてはまる番号に一つだけ○印をつけてください。

| 1. 介助されていない | 2. 見守り等 | 3.　一部介助 | 4.　全介助 |
|---|---|---|---|

## 6　過去14日間に受けた医療について、あてはまる番号すべてに○印をつけてください。

（複数回答可）

| 処置内容 | 1. 点滴の管理　2. 中心静脈栄養　3. 透析　4. ストーマ（人工肛門）の処置<br>5. 酸素療法　6. レスピレーター（人工呼吸器）　7. 気管切開の処置<br>8. 疼痛の看護　9. 経管栄養 |
|---|---|
| 特別な対応 | 10. モニター測定（血圧、心拍、酸素飽和度等）　11. じょくそうの処置<br>12. カテーテル（コンドームカテーテル、留置カテーテル、ウロストーマ等） |

## 7　日常生活自立度について、各々該当するものに一つだけ○印をつけてください。

| 障害高齢者の日常生活自立度（寝たきり度） | 自立・Ｊ1・Ｊ2・A1・A2・B1・B2・C1・C2 |
|---|---|
| 認知症高齢者の日常生活自立度 | 自立・Ⅰ・Ⅱａ・Ⅱｂ・Ⅲａ・Ⅲｂ・Ⅳ・Ｍ |

調査日＿＿年＿月＿日　保険者番号＿＿＿＿＿＿　被保険者番号＿＿＿＿＿＿

## 認定調査票（特記事項）

### 1　身体機能・起居動作に関連する項目についての特記事項

1-1 麻痺等の有無，1-2 拘縮の有無，1-3 寝返り，1-4 起き上がり，1-5 座位保持，1-6 両足での立位，1-7 歩行，1-8 立ち上がり，1-9 片足での立位，1-10 洗身，1-11 つめ切り，1-12 視力，1-13 聴力

（　）

（　）

（　）

（　）

### 2　生活機能に関連する項目についての特記事項

2-1 移乗，2-2 移動，2-3 えん下，2-4 食事摂取，2-5 排尿，2-6 排便，2-7 口腔清潔，2-8 洗顔，2-9 整髪，2-10 上衣の着脱，2-11 ズボン等の着脱，2-12 外出頻度

（　）

（　）

（　）

（　）

### 3　認知機能に関連する項目についての特記事項

3-1 意思の伝達，3-2 毎日の日課を理解，3-3 生年月日を言う，3-4 短期記憶，3-5 自分の名前を言う，3-6 今の季節を理解，3-7 場所の理解，3-8 徘徊，3-9 外出して戻れない

（　）

（　）

（　）

（　）

### 4　精神・行動障害に関連する項目についての特記事項

4-1 被害的，4-2 作話，4-3 感情が不安定，4-4 昼夜逆転，4-5 同じ話をする，4-6 大声を出す，4-7 介護に抵抗，4-8 落ち着きなし，4-9 一人で出たがる，4-10 収集癖，4-11 物や衣類を壊す，4-12 ひどい物忘れ，4-13 独り言・独り笑い，4-14 自分勝手に行動する，4-15 話がまとまらない

（　）

（　）

（　）

（　）

### 5　社会生活への適応に関連する項目についての特記事項

5-1 薬の内服，5-2 金銭の管理，5-3 日常の意思決定，5-4 集団への不適応，5-5 買い物，5-6 簡単な調理

（　）

（　）

（　）

（　）

### 6　特別な医療についての特記事項

6 特別な医療

（　）

（　）

（　）

（　）

### 7　日常生活自立度に関連する項目についての特記事項

7-1 障害高齢者の日常生活自立度（寝たきり度），7-2 認知症高齢者の日常生活自立度

（　）

（　）

（　）

（　）

※　本用紙に収まらない場合は、適宜用紙を追加して下さい

出所：厚生労働省「要介護認定　認定調査員テキスト2009　改訂版」：https://www.mhlw.go.jp/content/000819416.pdf（2023年12月15日現在）。

（別添３）

# 主治医意見書

記入日　令和　年　月　日

| 申請者 | （ふりがな）<br>明・大・昭　年　月　日生（　歳） | 男・女 | 〒　ー<br>連絡先　（　） |
|---|---|---|---|

上記の申請者に関する意見は以下の通りです。
主治医として、本意見書が介護サービス計画作成等に利用されることに　□同意する。　□同意しない。

医師氏名
医療機関名
医療機関所在地
電話　（　）
FAX　（　）

| （1）最終診察日 | 令和　年　月　日 |
|---|---|
| （2）意見書作成回数 | □初回　□２回目以上 |
| （3）他科受診の有無 | □有　□無<br>（有の場合）→□内科 □精神科 □外科 □整形外科 □脳神経外科 □皮膚科 □泌尿器科 □婦人科 □眼科 □耳鼻咽喉科 □リハビリテーション科 □歯科 □その他（　） |

1．傷病に関する意見

（1）診断名（特定疾病または生活機能低下の直接の原因となっている傷病名については１．に記入）及び発症年月日

1．　発症年月日　（昭和・平成・令和　年　月　日頃）
2．　発症年月日　（昭和・平成・令和　年　月　日頃）
3．　発症年月日　（昭和・平成・令和　年　月　日頃）

（2）症状としての安定性　□安定　□不安定　□不明
（「不安定」とした場合、具体的な状況を記入）

（3）生活機能低下の直接の原因となっている傷病または特定疾病の経過及び投薬内容を含む治療内容
（最近（概ね6ヶ月以内）介護に影響のあったもの　及び　特定疾病についてはその診断の根拠等について記入）

2．特別な医療（過去14日間以内に受けた医療のすべてにチェック）

処置内容　□点滴の管理　□中心静脈栄養　□透析　□ストーマの処置　□酸素療法
□レスピレーター　□気管切開の処置　□疼痛の看護　□経管栄養
特別な対応　□モニター測定（血圧、心拍、酸素飽和度等）　□褥瘡の処置
失禁への対応　□カテーテル（コンドームカテーテル、留置カテーテル　等）

3．心身の状態に関する意見

（1）日常生活の自立度等について
・障害高齢者の日常生活自立度（寝たきり度）　□自立　□J1　□J2　□A1　□A2　□B1　□B2　□C1　□C2
・認知症高齢者の日常生活自立度　□自立　□Ⅰ　□Ⅱa　□Ⅱb　□Ⅲa　□Ⅲb　□Ⅳ　□M

（2）認知症の中核症状（認知症以外の疾患で同様の症状を認める場合を含む）
・短期記憶　□問題なし　□問題あり
・日常の意思決定を行うための認知能力　□自立　□いくらか困難　□見守りが必要　□判断できない
・自分の意思の伝達能力　□伝えられる　□いくらか困難　□具体的要求に限られる　□伝えられない

（3）認知症の行動・心理症状（BPSD）（該当する項目全てチェック：認知症以外の疾患で同様の症状を認める場合を含む）
□無　□有 → ｛□幻視・幻聴　□妄想　□昼夜逆転　□暴言　□暴行　□介護への抵抗　□徘徊
□火の不始末　□不潔行為　□異食行動　□性的問題行動　□その他（　）｝

（4）その他の精神・神経症状
□無　□有 → 症状名：
〔専門医受診の有無　□有　（　科）　□無〕

（5）**身体の状態**

利き腕（□右 □左） 身長＝□ cm 体重＝□ kg（過去6ヶ月の体重の変化 □ 増加 □ 維持 □減少）

□四肢欠損 （部位：＿＿＿＿＿＿＿＿＿＿＿＿）

□麻痺 □右上肢（程度：□軽 □中 □重） □左上肢（程度：□軽 □中 □重）

□右下肢（程度：□軽 □中 □重） □左下肢（程度：□軽 □中 □重）

□その他（部位： 程度：□軽 □中 □重）

□筋力の低下 （部位：＿＿＿＿＿＿＿＿＿＿＿＿ 程度：□軽 □中 □重）

□関節の拘縮 （部位：＿＿＿＿＿＿＿＿＿＿＿＿ 程度：□軽 □中 □重）

□関節の痛み （部位：＿＿＿＿＿＿＿＿＿＿＿＿ 程度：□軽 □中 □重）

□失調・不随意運動 ・上肢 □右 □左 ・下肢 □右 □左 ・体幹 □右 □左

□褥瘡 （部位：＿＿＿＿＿＿＿＿＿＿＿＿ 程度：□軽 □中 □重）

□その他の皮膚疾患（部位：＿＿＿＿＿＿＿＿＿＿＿＿ 程度：□軽 □中 □重）

**4．生活機能とサービスに関する意見**

（1）**移動**

| | | | |
|---|---|---|---|
| 屋外歩行 | □自立 | □介助があればしている | □していない |
| 車いすの使用 | □用いていない | □主に自分で操作している | □主に他人が操作している |
| 歩行補助具・装具の使用（複数選択可） | □用いていない | □屋外で使用 | □屋内で使用 |

（2）**栄養・食生活**

食事行為 □自立ないし何とか自分で食べられる □全面介助

現在の栄養状態 □良好 □不良

→ 栄養・食生活上の留意点（ ）

（3）**現在あるかまたは今後発生の可能性の高い状態とその対処方針**

□尿失禁 □転倒・骨折 □移動能力の低下 □褥瘡 □心肺機能の低下 □閉じこもり □意欲低下 □徘徊

□低栄養 □摂食・嚥下機能低下 □脱水 □易感染性 □がん等による疼痛 □その他（ ）

→ 対処方針（ ）

（4）**サービス利用による生活機能の維持・改善の見通し**

□期待できる □期待できない □不明

（5）**医学的管理の必要性**（特に必要性の高いものには下線を引いて下さい。予防給付により提供されるサービスを含みます。）

□訪問診療 □訪問看護 □訪問歯科診療 □訪問薬剤管理指導

□訪問リハビリテーション □短期入所療養介護 □訪問歯科衛生指導 □訪問栄養食事指導

□通所リハビリテーション □老人保健施設 □介護医療院 □その他の医療系サービス（ ）

□特記すべき項目なし

（6）**サービス提供時における医学的観点からの留意事項**（該当するものを選択するとともに、具体的に記載）

□血圧（ ）□摂食（ ）□嚥下（ ）

□移動（ ）□運動（ ）□その他（ ）

□特記すべき項目なし

（7）**感染症の有無**（有の場合は具体的に記入して下さい）

□無 □有（ ） □不明

**5．特記すべき事項**

要介護認定及び介護サービス計画作成時に必要な医学的なご意見等を見守りに影響を及ぼす疾病の状況等の留意点を含め記載して下さい。特に、介護に要する手間に影響を及ぼす事項について記載して下さい。なお、専門医等に別途意見を求めた場合はその内容、結果も記載して下さい。（情報提供書や障害者手帳の申請に用いる診断書等の写しを添付して頂いても結構です。）

出所：厚生労働省「介護情報各様式」p.10-11：https://www.mhlw.go.jp/content/12301000/001043220.pdf（2023年12月15日現在）。

## 老人福祉法（抄）

### 第1章　総則

（目的）

第1条 この法律は，老人の福祉に関する原理を明らかにするとともに，老人に対し，その心身の健康の保持及び生活の安定のために必要な措置を講じ，もつて老人の福祉を図ることを目的とする。

（基本的理念）

第2条 老人は，多年にわたり社会の進展に寄与してきた者として，かつ，豊富な知識と経験を有する者として敬愛されるとともに，生きがいを持てる健全で安らかな生活を保障されるものとする。

第3条 老人は，老齢に伴つて生ずる心身の変化を自覚して，常に心身の健康を保持し，又は，その知識と経験を活用して，社会的活動に参加するように努めるものとする。

2　老人は，その希望と能力とに応じ，適当な仕事に従事する機会その他社会的活動に参加する機会を与えられるものとする。

（老人福祉増進の責務）

第4条 国及び地方公共団体は，老人の福祉を増進する責務を有する。

2　国及び地方公共団体は，老人の福祉に関係のある施策を講ずるに当たつては，その施策を通じて，前2条に規定する基本的理念が具現されるように配慮しなければならない。

3　老人の生活に直接影響を及ぼす事業を営む者は，その事業の運営に当たつては，老人の福祉が増進されるように努めなければならない。

（老人の日及び老人週間）

第5条 国民の間に広く老人の福祉についての関心と理解を深めるとともに，老人に対し自らの生活の向上に努める意欲を促すため，老人の日及び老人週間を設ける。

2　老人の日は9月15日とし，老人週間は同日から同月21日までとする。

3　国は，老人の日においてその趣旨にふさわしい事業を実施するよう努めるものとし，国及び地方公共団体は，老人週間において老人の団体その他の者によつてその趣旨にふさわしい行事が実施されるよう奨励しなければならない。

（福祉の措置の実施者）

第5条の4　65歳以上の者（65歳未満の者であつて特に必要があると認められるものを含む。以下同じ。）又はその者を現に養護する者（以下「養護者」という。）に対する第10条の4及び第11条の規定による福祉の措置は，その65歳以上の者が居住地を有するときは，その居住地の市町村が，居住地を有しないか，又はその居住地が明らかでないときは，その現在地の市町村が行うものとする。ただし，同条第1項第1号若しくは第2号の規定により入所している65歳以上の者又は生活保護法（昭和25年法律第144号）第30条第1項ただし書の規定により同法第38条第2項に規定する救護施設，同条第3項に規定する更生施設若しくは同法第30条第1項ただし書に規定するその他の適当な施設に入所している65歳以上の者については，これらの者が入所前に居住地を有した者であるときは，その居住地の市町村が，これらの者が入所前に居住地を有しないか，又はその居住地が明らかでなかつた者であるときは，入所前におけるこれらの者の所在地の市町村が行うものとする。

2　市町村は，この法律の施行に関し，次に掲げる業務を行わなければならない。

一　老人の福祉に関し，必要な実情の把握に努めること。

二　老人の福祉に関し，必要な情報の提供を行い，並びに相談に応じ，必要な調査及び指導を行い，並びにこれらに付随する業務を行うこと。

（市町村の福祉事務所）

第5条の5　市町村の設置する福祉事務所（社会福祉法（昭和26年法律第45号）に定める福祉に関する事務所をいう。以下同じ。）は，この法律の施行に関し，主として前条第２項各号に掲げる業務を行うものとする。

（市町村の福祉事務所の社会福祉主事）

第６条　市及び福祉事務所を設置する町村は，その設置する福祉事務所に，福祉事務所の長（以下「福祉事務所長」という。）の指揮監督を受けて，主として次に掲げる業務を行う所員として，社会福祉主事を置かなければならない。

一　福祉事務所の所員に対し，老人の福祉に関する技術的指導を行うこと。

二　第５条の４第２項第２号に規定する業務のうち，専門的技術を必要とする業務を行うこと。

（施設の基準）

第17条　都道府県は，養護老人ホーム及び特別養護老人ホームの設備及び運営について，条例で基準を定めなければならない。

2　都道府県が前項の条例を定めるに当たつては，第１号から第３号までに掲げる事項については厚生労働省令で定める基準に従い定めるものとし，第４号に掲げる事項については厚生労働省令で定める基準を標準として定めるものとし，その他の事項については厚生労働省令で定める基準を参酌するものとする。

一　養護老人ホーム及び特別養護老人ホームに配置する職員及びその員数

二　養護老人ホーム及び特別養護老人ホームに係る居室の床面積

三　養護老人ホーム及び特別養護老人ホームの運営に関する事項であつて，入所する老人の適切な処遇及び安全の確保並びに秘密の保持に密接に関連するものとして厚生労働省令で定めるもの

四　養護老人ホームの入所定員

3　養護老人ホーム及び特別養護老人ホームの設置者は，第１項の基準を遵守しなければならない。

## 第３章の２　老人福祉計画

（市町村老人福祉計画）

第20条の８　市町村は，老人居宅生活支援事業及び老人福祉施設による事業（以下「老人福祉事業」という。）の供給体制の確保に関する計画（以下「市町村老人福祉計画」という。）を定めるものとする。

2　市町村老人福祉計画においては，当該市町村の区域において確保すべき老人福祉事業の量の目標を定めるものとする。

3　市町村老人福祉計画においては，前項の目標のほか，次に掲げる事項について定めるよう努めるものとする。

一　前項の老人福祉事業の量の確保のための方策に関する事項

二　老人福祉事業に従事する者の確保及び資質の向上並びにその業務の効率化及び質の向上のために講ずる都道府県と連携した措置に関する事項

4　市町村は，第２項の目標（老人居宅生活支援事業，老人デイサービスセンター，老人短期入所施設及び特別養護老人ホームに係るものに限る。）を定めるに当たつては，介護保険法第117条第２項第１号に規定する介護給付等対象サービスの種類ごとの量の見込み（同法に規定する訪問介護，通所介護，短期入所生活介護，定期巡回・随時対応型訪問介護看護，夜間対応型訪問介護，認知症対応型通所介護，小規模多機能型居宅介護，地域密着型通所介護，認知症対応型共同生活介護，地域密着型介護老人福祉施設入所者生活介護，複合型サービス及び介護福祉施設サービス並びに介護予防短期入所生活介護，介護予防認知症対応型通所介護，介護予防小規模多機能型居宅介護及び介護予防認知症対応型共同生活介護に係るものに限る。）並びに第１号訪問事業及び第１号通所事業の量の見込みを勘案しなければならない。

5　厚生労働大臣は，市町村が第２項の目標（養護老人ホーム，軽費老人ホーム，老人福祉センター及び老人介護支援センターに係るものに限る。）を定めるに当たつて参酌すべき標準を定めるものとする。

6　市町村は，当該市町村の区域における身体上又は精神上の障害があるために日常生

活を営むのに支障がある老人の人数，その障害の状況，その養護の実態その他の事情を勘案して，市町村老人福祉計画を作成するよう努めるものとする。

7　市町村老人福祉計画は，介護保険法第117条第1項に規定する市町村介護保険事業計画と一体のものとして作成されなければならない。

8　市町村老人福祉計画は，社会福祉法第107条第1項に規定する市町村地域福祉計画その他の法律の規定による計画であつて老人の福祉に関する事項を定めるものと調和が保たれたものでなければならない。

9　市町村は，市町村老人福祉計画（第2項に規定する事項に係る部分に限る。）を定め，又は変更しようとするときは，あらかじめ，都道府県の意見を聴かなければならない。

10　市町村は，市町村老人福祉計画を定め，又は変更したときは，遅滞なく，これを都道府県知事に提出しなければならない。

## 介護保険法（抄）

### 第1章　総則

（目的）

第1条　この法律は，加齢に伴って生ずる心身の変化に起因する疾病等により要介護状態となり，入浴，排せつ，食事等の介護，機能訓練並びに看護及び療養上の管理その他の医療を要する者等について，これらの者が尊厳を保持し，その有する能力に応じ自立した日常生活を営むことができるよう，必要な保健医療サービス及び福祉サービスに係る給付を行うため，国民の共同連帯の理念に基づき介護保険制度を設け，その行う保険給付等に関して必要な事項を定め，もって国民の保健医療の向上及び福祉の増進を図ることを目的とする。

（介護保険）

第2条　介護保険は，被保険者の要介護状態又は要支援状態（以下「要介護状態等」という。）に関し，必要な保険給付を行うものとする。

2　前項の保険給付は，要介護状態等の軽減又は悪化の防止に資するよう行われるとともに，医療との連携に十分配慮して行われなければならない。

3　第1項の保険給付は，被保険者の心身の状況，その置かれている環境等に応じて，被保険者の選択に基づき，適切な保健医療サービス及び福祉サービスが，多様な事業者又は施設から，総合的かつ効率的に提供されるよう配慮して行われなければならない。

4　第1項の保険給付の内容及び水準は，被保険者が要介護状態となった場合においても，可能な限り，その居宅において，その有する能力に応じ自立した日常生活を営むことができるように配慮されなければならない。

（保険者）

第3条　市町村及び特別区は，この法律の定めるところにより，介護保険を行うものとする。

2　市町村及び特別区は，介護保険に関する収入及び支出について，政令で定めるところにより，特別会計を設けなければならない。

（国民の努力及び義務）

第4条　国民は，自ら要介護状態となることを予防するため，加齢に伴って生ずる心身の変化を自覚して常に健康の保持増進に努めるとともに，要介護状態となった場合においても，進んでリハビリテーションその他の適切な保健医療サービス及び福祉サービスを利用することにより，その有する能力の維持向上に努めるものとする。

2　国民は，共同連帯の理念に基づき，介護保険事業に要する費用を公平に負担するものとする。

（国及び地方公共団体の責務）

第5条　国は，介護保険事業の運営が健全かつ円滑に行われるよう保健医療サービス及び福祉サービスを提供する体制の確保に関する施策その他の必要な各般の措置を講じなければならない。

2　都道府県は，介護保険事業の運営が健全かつ円滑に行われるように，必要な助言及び適切な援助をしなければならない。

3　国及び地方公共団体は，被保険者が，可能な限り，住み慣れた地域でその有する能力に応じ自立した日常生活を営むことができるよう，保険給付に係る保健医療サービス及び福祉サービスに関する施策，要介護状態等となることの予防又は要介護状態等の軽減若しくは悪化の防止のための施策並びに地域における自立した日常生活の支援のための施策を，医療及び居住に関する施策との有機的な連携を図りつつ包括的に推進するよう努めなければならない。

4　国及び地方公共団体は，前項の規定により同項に掲げる施策を包括的に推進するに当たっては，障害者その他の者の福祉に関する施策との有機的な連携を図るよう努めるとともに，地域住民が相互に人格と個性を尊重し合いながら，参加し，共生する地域社会の実現に資するよう努めなければならない。

（認知症に関する施策の総合的な推進等）

第5条の2　国及び地方公共団体は，認知症（アルツハイマー病その他の神経変性疾患，脳血管疾患その他の疾患により日常生活に支障が生じる程度にまで認知機能が低下した状態として政令で定める状態をいう。以下同じ。）に対する国民の関心及び理解を深め，認知症である者への支援が適切に行われるよう，認知症に関する知識の普及及び啓発に努めなければならない。

2　国及び地方公共団体は，被保険者に対して認知症に係る適切な保健医療サービス及び福祉サービスを提供するため，研究機関，医療機関，介護サービス事業者（第115条の32第1項に規定する介護サービス事業者をいう。）等と連携し，認知症の予防，診断及び治療並びに認知症である者の心身の特性に応じたリハビリテーション及び介護方法に関する調査研究の推進に努めるとともに，その成果を普及し，活用し，及び発展させるよう努めなければならない。

3　国及び地方公共団体は，地域における認知症である者への支援体制を整備すること，認知症である者を現に介護する者の支援並びに認知症である者の支援に係る人材の確保及び資質の向上を図るために必要な措置を講ずることその他の認知症に関する施策を総合的に推進するよう努めなければならない。

4　国及び地方公共団体は，前3項の施策の推進に当たっては，認知症である者及びその家族の意向の尊重に配慮するとともに，認知症である者が地域社会において尊厳を保持しつつ他の人々と共生することができるように努めなければならない。

（医療保険者の協力）

第6条　医療保険者は，介護保険事業が健全かつ円滑に行われるよう協力しなければならない。

（定義）

第7条　この法律において「要介護状態」とは，身体上又は精神上の障害があるために，入浴，排せつ，食事等の日常生活における基本的な動作の全部又は一部について，厚生労働省令で定める期間にわたり継続して，常時介護を要すると見込まれる状態であって，その介護の必要の程度に応じて厚生労働省令で定める区分（以下「要介護状態区分」という。）のいずれかに該当するもの（要支援状態に該当するものを除く。）をいう。

2　この法律において「要支援状態」とは，身体上若しくは精神上の障害があるために入浴，排せつ，食事等の日常生活における基本的な動作の全部若しくは一部について厚生労働省令で定める期間にわたり継続して常時介護を要する状態の軽減若しくは悪化の防止に特に資する支援を要すると見込まれ，又は身体上若しくは精神上の障害があるために厚生労働省令で定める期間にわたり継続して日常生活を営むのに支障があると見込まれる状態であって，支援の必要の程度に応じて厚生労働省令で定める区分（以下「要支援状態区分」という。）のいずれかに該当するものをいう。

3　この法律において「要介護者」とは，次の各号のいずれかに該当する者をいう。

一　要介護状態にある65歳以上の者

二　要介護状態にある40歳以上65歳未満の者であって，その要介護状態の原因である身体上又は精神上の障害が加齢に伴って生ずる心身の変化に起因する疾病であって政令で定めるもの（以下「特定疾病」という。）によって生じたものであるもの

4　この法律において「要支援者」とは，次の各号のいずれかに該当する者をいう。

一　要支援状態にある65歳以上の者

二　要支援状態にある40歳以上65歳未満の者であって，その要支援状態の原因である身体上又は精神上の障害が特定疾病によって生じたものであるもの

5　この法律において「介護支援専門員」とは，要介護者又は要支援者（以下「要介護者等」という。）からの相談に応じ，及び要介護者等がその心身の状況等に応じ適切な居宅サービス，地域密着型サービス，施設サービス，介護予防サービス若しくは地域密着型介護予防サービス又は特定介護予防・日常生活支援総合事業（第115条の45第1項第1号イに規定する第1号訪問事業，同号ロに規定する第1号通所事業又は同号ハに規定する第1号生活支援事業をいう。以下同じ。）を利用できるよう市町村，居宅サービス事業を行う者，地域密着型サービス事業を行う者，介護保険施設，介護予防サービス事業を行う者，地域密着型介護予防サービス事業を行う者，特定介護予防・日常生活支援総合事業を行う者等との連絡調整等を行う者であって，要介護者等が自立した日常生活を営むのに必要な援助に関する専門的知識及び技術を有するものとして第69条の7第1項の介護支援専門員証の交付を受けたものをいう。

## 第2章　被保険者

（被保険者）

第9条 次の各号のいずれかに該当する者は，市町村又は特別区（以下単に「市町村」という。）が行う介護保険の被保険者とする。

一　市町村の区域内に住所を有する65歳以上の者（以下「第1号被保険者」という。）

二　市町村の区域内に住所を有する40歳以上65歳未満の医療保険加入者（以下「第2号被保険者」という。）

（資格取得の時期）

第10条 前条の規定による当該市町村が行う介護保険の被保険者は，次の各号のいずれかに該当するに至った日から，その資格を取得する。

一　当該市町村の区域内に住所を有する医療保険加入者が40歳に達したとき。

二　40歳以上65歳未満の医療保険加入者又は65歳以上の者が当該市町村の区域内に住所を有するに至ったとき。

三　当該市町村の区域内に住所を有する40歳以上65歳未満の者が医療保険加入者となったとき。

四　当該市町村の区域内に住所を有する者（医療保険加入者を除く。）が65歳に達したとき。

（資格喪失の時期）

第11条 第9条の規定による当該市町村が行う介護保険の被保険者は，当該市町村の区域内に住所を有しなくなった日の翌日から，その資格を喪失する。ただし，当該市町村の区域内に住所を有しなくなった日に他の市町村の区域内に住所を有するに至ったときは，その日から，その資格を喪失する。

2　第2号被保険者は，医療保険加入者でなくなった日から，その資格を喪失する。

## 第3章　介護認定審査会

（介護認定審査会）

第14条 第38条第2項に規定する審査判定業務を行わせるため，市町村に介護認定審査

会（以下「認定審査会」という。）を置く。

（委員）

第15条　認定審査会の委員の定数は，政令で定める基準に従い条例で定める数とする。

2　委員は，要介護者等の保健，医療又は福祉に関する学識経験を有する者のうちから，市町村長（特別区にあっては，区長。以下同じ。）が任命する。

（共同設置の支援）

第16条　都道府県は，認定審査会について地方自治法（昭和22年法律第67号）第252条の7第1項の規定による共同設置をしようとする市町村の求めに応じ，市町村相互間における必要な調整を行うことができる。

2　都道府県は，認定審査会を共同設置した市町村に対し，その円滑な運営が確保されるように必要な技術的な助言その他の援助をすることができる。

（政令への委任規定）

第17条　この法律に定めるもののほか，認定審査会に関し必要な事項は，政令で定める。

## 第4章　保険給付

### 第1節　通則

（保険給付の種類）

第18条　この法律による保険給付は，次に掲げる保険給付とする。

一　被保険者の要介護状態に関する保険給付（以下「介護給付」という。）

二　被保険者の要支援状態に関する保険給付（以下「予防給付」という。）

三　前2号に掲げるもののほか，要介護状態等の軽減又は悪化の防止に資する保険給付として条例で定めるもの（第5節において「市町村特別給付」という。）

（市町村の認定）

第19条　介護給付を受けようとする被保険者は，要介護者に該当すること及びその該当する要介護状態区分について，市町村の認定（以下「要介護認定」という。）を受けなければならない。

2　予防給付を受けようとする被保険者は，要支援者に該当すること及びその該当する要支援状態区分について，市町村の認定（以下「要支援認定」という。）を受けなければならない。

### 第2節　認定

（要介護認定）

第27条　要介護認定を受けようとする被保険者は，厚生労働省令で定めるところにより，申請書に被保険者証を添付して市町村に申請をしなければならない。この場合において，当該被保険者は，厚生労働省令で定めるところにより，第46条第1項に規定する指定居宅介護支援事業者，地域密着型介護老人福祉施設若しくは介護保険施設であって厚生労働省令で定めるもの又は第115条の46第1項に規定する地域包括支援センターに，当該申請に関する手続を代わって行わせることができる。

2　市町村は，前項の申請があったときは，当該職員をして，当該申請に係る被保険者に面接させ，その心身の状況，その置かれている環境その他厚生労働省令で定める事項について調査をさせるものとする。この場合において，市町村は，当該被保険者が遠隔の地に居所を有するときは，当該調査を他の市町村に嘱託することができる。

3　市町村は，第1項の申請があったときは，当該申請に係る被保険者の主治の医師に対し，当該被保険者の身体上又は精神上の障害の原因である疾病又は負傷の状況等につき意見を求めるものとする。ただし，当該被保険者に係る主治の医師がないときその他当該意見を求めることが困難なときは，市町村は，当該被保険者に対して，その指定する医師又は当該職員で医師であるものの診断を受けるべきことを命ずることができる。

4　市町村は，第2項の調査（第24条の2第1項第2号の規定により委託された場合にあっては，当該委託に係る調査を含む。）の結果，前項の主治の医師の意見又は指定する医師若しくは当該職員で医師であるものの診断の結果その他厚生労働省令で定める事項を認定審査会に通知し，第1項の申請に係る被保険者について，次の各号に掲げる被保険者の区分に応じ，当該各号に定める事項に関し審査及び判定を求めるものとする。

一　第1号被保険者　要介護状態に該当すること及びその該当する要介護状態区分

二　第2号被保険者　要介護状態に該当すること，その該当する要介護状態区分及びその要介護状態の原因である身体上又は精神上の障害が特定疾病によって生じたものであること。

5　認定審査会は，前項の規定により審査及び判定を求められたときは，厚生労働大臣が定める基準に従い，当該審査及び判定に係る被保険者について，同項各号に規定する事項に関し審査及び判定を行い，その結果を市町村に通知するものとする。この場合において，認定審査会は，必要があると認めるときは，次に掲げる事項について，市町村に意見を述べることができる。

一　当該被保険者の要介護状態の軽減又は悪化の防止のために必要な療養に関する事項

二　第41条第1項に規定する指定居宅サービス，第42条の2第1項に規定する指定地域密着型サービス又は第48条第1項に規定する指定施設サービス等の適切かつ有効な利用等に関し当該被保険者が留意すべき事項

6　認定審査会は，前項前段の審査及び判定をするに当たって必要があると認めるときは，当該審査及び判定に係る被保険者，その家族，第3項の主治の医師その他の関係者の意見を聴くことができる。

7　市町村は，第5項前段の規定により通知された認定審査会の審査及び判定の結果に基づき，要介護認定をしたときは，その結果を当該要介護認定に係る被保険者に通知しなければならない。この場合において，市町村は，次に掲げる事項を当該被保険者の被保険者証に記載し，これを返付するものとする。

一　該当する要介護状態区分

二　第5項第2号に掲げる事項に係る認定審査会の意見

8　要介護認定は，その申請のあった日にさかのぼってその効力を生ずる。

9　市町村は，第5項前段の規定により通知された認定審査会の審査及び判定の結果に基づき，要介護者に該当しないと認めたときは，理由を付して，その旨を第1項の申請に係る被保険者に通知するとともに，当該被保険者の被保険者証を返付するものとする。

10　市町村は，第1項の申請に係る被保険者が，正当な理由なしに，第2項の規定による調査（第24条の2第1項第2号の規定により委託された場合にあっては，当該委託に係る調査を含む。）に応じないとき，又は第3項ただし書の規定による診断命令に従わないときは，第1項の申請を却下することができる。

11　第1項の申請に対する処分は，当該申請のあった日から30日以内にしなければならない。ただし，当該申請に係る被保険者の心身の状況の調査に日時を要する等特別な理由がある場合には，当該申請のあった日から30日以内に，当該被保険者に対し，当該申請に対する処分をするためになお要する期間（次項において「処理見込期間」という。）及びその理由を通知し，これを延期することができる。

12　第1項の申請をした日から30日以内に当該申請に対する処分がされないとき，若しくは前項ただし書の通知がないとき，又は処理見込期間が経過した日までに当該申請に対する処分がされないときは，当該申請に係る被保険者は，市町村が当該申請を却下したものとみなすことができる。

### 第3節　介護給付

（介護給付の種類）

第40条　介護給付は，次に掲げる保険給付とする。

一　居宅介護サービス費の支給

二　特例居宅介護サービス費の支給
三　地域密着型介護サービス費の支給
四　特例地域密着型介護サービス費の支給
五　居宅介護福祉用具購入費の支給
六　居宅介護住宅改修費の支給
七　居宅介護サービス計画費の支給
八　特例居宅介護サービス計画費の支給
九　施設介護サービス費の支給
十　特例施設介護サービス費の支給
十一　高額介護サービス費の支給
十一の二　高額医療合算介護サービス費の支給
十二　特定入所者介護サービス費の支給
十三　特例特定入所者介護サービス費の支給

## 第7章　介護保険事業計画

（基本指針）

第116条　厚生労働大臣は，地域における医療及び介護の総合的な確保の促進に関する法律（平成元年法律第64号）第3条第1項に規定する総合確保方針に即して，介護保険事業に係る保険給付の円滑な実施を確保するための基本的な指針（以下「基本指針」という。）を定めるものとする。

2　基本指針においては，次に掲げる事項について定めるものとする。

一　介護給付等対象サービスを提供する体制の確保及び地域支援事業の実施に関する基本的事項

二　次条第1項に規定する市町村介護保険事業計画において同条第2項第1号の介護給付等対象サービスの種類ごとの量の見込みを定めるに当たって参酌すべき標準その他当該市町村介護保険事業計画及び第118条第1項に規定する都道府県介護保険事業支援計画の作成に関する事項

三　その他介護保険事業に係る保険給付の円滑な実施を確保するために必要な事項

3　厚生労働大臣は，基本指針を定め，又はこれを変更するに当たっては，あらかじめ，総務大臣その他関係行政機関の長に協議しなければならない。

4　厚生労働大臣は，基本指針を定め，又はこれを変更したときは，遅滞なく，これを公表しなければならない。

（市町村介護保険事業計画）

第117条　市町村は，基本指針に即して，3年を1期とする当該市町村が行う介護保険事業に係る保険給付の円滑な実施に関する計画（以下「市町村介護保険事業計画」という。）を定めるものとする。

2　市町村介護保険事業計画においては，次に掲げる事項を定めるものとする。

一　当該市町村が，その住民が日常生活を営んでいる地域として，地理的条件，人口，交通事情その他の社会的条件，介護給付等対象サービスを提供するための施設の整備の状況その他の条件を総合的に勘案して定める区域ごとの当該区域における各年度の認知症対応型共同生活介護，地域密着型特定施設入居者生活介護及び地域密着型介護老人福祉施設入所者生活介護に係る必要利用定員総数その他の介護給付等対象サービスの種類ごとの量の見込み

二　各年度における地域支援事業の量の見込み

三　被保険者の地域における自立した日常生活の支援，要介護状態等となることの予防又は要介護状態等の軽減若しくは悪化の防止及び介護給付等に要する費用の適正化に関し，市町村が取り組むべき施策に関する事項

四　前号に掲げる事項の目標に関する事項

3　市町村介護保険事業計画においては，前項各号に掲げる事項のほか，次に掲げる事項について定めるよう努めるものとする。

一　前項第1号の必要利用定員総数その他の介護給付等対象サービスの種類ごとの見込量の確保のための方策

二　各年度における地域支援事業に要する費用の額及び地域支援事業の見込量の確保のための方策

三　介護給付等対象サービスの種類ごとの量，保険給付に要する費用の額，地域支

援事業の量，地域支援事業に要する費用の額及び保険料の水準に関する中長期的な推計

四　介護支援専門員その他の介護給付等対象サービス及び地域支援事業に従事する者の確保及び資質の向上並びにその業務の効率化及び質の向上に資する都道府県と連携した取組に関する事項

五　指定居宅サービスの事業，指定地域密着型サービスの事業又は指定居宅介護支援の事業を行う者相互間の連携の確保に関する事業その他の介護給付等対象サービス（介護給付に係るものに限る。）の円滑な提供を図るための事業に関する事項

六　指定介護予防サービスの事業，指定地域密着型介護予防サービスの事業又は指定介護予防支援の事業を行う者相互間の連携の確保に関する事業その他の介護給付等対象サービス（予防給付に係るものに限る。）の円滑な提供及び地域支援事業の円滑な実施を図るための事業に関する事項

七　認知症である被保険者の地域における自立した日常生活の支援に関する事項，教育，地域づくり及び雇用に関する施策その他の関連施策との有機的な連携に関する事項その他の認知症に関する施策の総合的な推進に関する事項

八　前項第１号の区域ごとの当該区域における老人福祉法第29条第１項の規定による届出が行われている有料老人ホーム及び高齢者の居住の安定確保に関する法律（平成13年法律第26号）第７条第５項に規定する登録住宅（次条第３項第６号において「登録住宅」という。）のそれぞれの入居定員総数（特定施設入居者生活介護，地域密着型特定施設入居者生活介護又は介護予防特定施設入居者生活介護の事業を行う事業所に係る第41条第１項本文，第42条の２第１項本文又は第53条第１項本文の指定を受けていないものに係るものに限る。次条第３項第６号において同じ。）

九　地域支援事業と高齢者保健事業及び国民健康保険保健事業の一体的な実施に関する事項，居宅要介護被保険者及び居宅要支援被保険者に係る医療その他の医療との連携に関する事項，高齢者の居住に係る施策との連携に関する事項その他の被保険者の地域における自立した日常生活の支援のため必要な事項

4　市町村介護保険事業計画は，当該市町村の区域における人口構造の変化の見通し，要介護者等の人数，要介護者等の介護給付等対象サービスの利用に関する意向その他の事情を勘案して作成されなければならない。

5　市町村は，第２項第１号の規定により当該市町村が定める区域ごとにおける被保険者の心身の状況，その置かれている環境その他の事情を正確に把握するとともに，第118条の２第１項の規定により公表された結果その他の介護保険事業の実施の状況に関する情報を分析した上で，当該事情及び当該分析の結果を勘案して，市町村介護保険事業計画を作成するよう努めるものとする。

6　市町村介護保険事業計画は，老人福祉法第20条の８第１項に規定する市町村老人福祉計画と一体のものとして作成されなければならない。

7　市町村は，第２項第３号に規定する施策の実施状況及び同項第４号に規定する目標の達成状況に関する調査及び分析を行い，市町村介護保険事業計画の実績に関する評価を行うものとする。

8　市町村は，前項の評価の結果を公表するよう努めるとともに，これを都道府県知事に報告するものとする。

9　市町村介護保険事業計画は，地域における医療及び介護の総合的な確保の促進に関する法律第５条第１項に規定する市町村計画との整合性の確保が図られたものでなければならない。

10　市町村介護保険事業計画は，社会福祉法

第107条第1項に規定する市町村地域福祉計画，高齢者の居住の安定確保に関する法律第4条の2第1項に規定する市町村高齢者居住安定確保計画その他の法律の規定による計画であって要介護者等の保健，医療，福祉又は居住に関する事項を定めるものと調和が保たれたものでなければならない。

11　市町村は，市町村介護保険事業計画を定め，又は変更しようとするときは，あらかじめ，被保険者の意見を反映させるために必要な措置を講ずるものとする。

12　市町村は，市町村介護保険事業計画（第2項第1号及び第2号に掲げる事項に係る部分に限る。）を定め，又は変更しようとするときは，あらかじめ，都道府県の意見を聴かなければならない。

13　市町村は，市町村介護保険事業計画を定め，又は変更したときは，遅滞なく，これを都道府県知事に提出しなければならない。

## 高齢社会対策基本法

我が国は，国民のたゆまぬ努力により，かつてない経済的繁栄を築き上げるとともに，人類の願望である長寿を享受できる社会を実現しつつある。今後，長寿をすべての国民が喜びの中で迎え，高齢者が安心して暮らすことのできる社会の形成が望まれる。そのような社会は，すべての国民が安心して暮らすことができる社会でもある。

しかしながら，我が国の人口構造の高齢化は極めて急速に進んでおり，遠からず世界に例を見ない水準の高齢社会が到来するものと見込まれているが，高齢化の進展の速度に比べて国民の意識や社会のシステムの対応は遅れている。早急に対応すべき課題は多岐にわたるが，残されている時間は極めて少ない。

このような事態に対処して，国民一人一人が生涯にわたって真に幸福を享受できる高齢社会を築き上げていくためには，雇用，年金，医療，福祉，教育，社会参加，生活環境等に係る社会のシステムが高齢社会にふさわしいものとなるよう，不断に見直し，適切なものとしていく必要があり，そのためには，国及び地方公共団体はもとより，企業，地域社会，家庭及び個人が相互に協力しながらそれぞれの役割を積極的に果たしていくことが必要である。

ここに，高齢社会対策の基本理念を明らかにしてその方向を示し，国を始め社会全体として高齢社会対策を総合的に推進していくため，この法律を制定する。

### 第1章　総則

（目的）

第1条 この法律は，我が国における急速な高齢化の進展が経済社会の変化と相まって，国民生活に広範な影響を及ぼしている状況にかんがみ，高齢化の進展に適切に対処するための施策（以下「高齢社会対策」という。）に関し，基本理念を定め，並びに国及び地方公共団体の責務等を明らかにするとともに，高齢社会対策の基本となる事項を定めること等により，高齢社会対策を総合的に推進し，もって経済社会の健全な発展及び国民生活の安定向上を図ることを目的とする。

（基本理念）

第2条 高齢社会対策は，次の各号に掲げる社会が構築されることを基本理念として，行われなければならない。

一　国民が生涯にわたって就業その他の多様な社会的活動に参加する機会が確保される公正で活力ある社会

二　国民が生涯にわたって社会を構成する重要な一員として尊重され，地域社会が自立と連帯の精神に立脚して形成される社会

三　国民が生涯にわたって健やかで充実した生活を営むことができる豊かな社会

（国の責務）

第3条 国は，前条の基本理念（次条において「基本理念」という。）にのっとり，高齢社会対策を総合的に策定し，及び実施する責務を有する。

（地方公共団体の責務）

第４条　地方公共団体は，基本理念にのっとり，高齢社会対策に関し，国と協力しつつ，当該地域の社会的，経済的状況に応じた施策を策定し，及び実施する責務を有する。

（国民の努力）

第５条　国民は，高齢化の進展に伴う経済社会の変化についての理解を深め，及び相互の連帯を一層強めるとともに，自らの高齢期において健やかで充実した生活を営むことができることとなるよう努めるものとする。

（施策の大綱）

第６条　政府は，政府が推進すべき高齢社会対策の指針として，基本的かつ総合的な高齢社会対策の大綱を定めなければならない。

（法制上の措置等）

第７条　政府は，この法律の目的を達成するため，必要な法制上又は財政上の措置その他の措置を講じなければならない。

（年次報告）

第８条　政府は，毎年，国会に，高齢化の状況及び政府が講じた高齢社会対策の実施の状況に関する報告書を提出しなければならない。

２　政府は，毎年，前項の報告に係る高齢化の状況を考慮して講じようとする施策を明らかにした文書を作成し，これを国会に提出しなければならない。

## 第２章　基本的施策

（就業及び所得）

第９条　国は，活力ある社会の構築に資するため，高齢者がその意欲と能力に応じて就業することができる多様な機会を確保し，及び勤労者が長期にわたる職業生活を通じて職業能力を開発し，高齢期までその能力を発揮することができるよう必要な施策を講ずるものとする。

２　国は，高齢期の生活の安定に資するため，公的年金制度について雇用との連携を図りつつ適正な給付水準を確保するよう必要な施策を講ずるものとする。

３　国は，高齢期のより豊かな生活の実現に資するため，国民の自主的な努力による資産の形成等を支援するよう必要な施策を講ずるものとする。

（健康及び福祉）

第10条　国は，高齢期の健全で安らかな生活を確保するため，国民が生涯にわたって自らの健康の保持増進に努めることができるよう総合的な施策を講ずるものとする。

２　国は，高齢者の保健及び医療並びに福祉に関する多様な需要に的確に対応するため，地域における保健及び医療並びに福祉の相互の有機的な連携を図りつつ適正な保健医療サービス及び福祉サービスを総合的に提供する体制の整備を図るとともに，民間事業者が提供する保健医療サービス及び福祉サービスについて健全な育成及び活用を図るよう必要な施策を講ずるものとする。

３　国は，介護を必要とする高齢者が自立した日常生活を営むことができるようにするため，適切な介護のサービスを受けることができる基盤の整備を推進するよう必要な施策を講ずるものとする。

（学習及び社会参加）

第11条　国は，国民が生きがいを持って豊かな生活を営むことができるようにするため，生涯学習の機会を確保するよう必要な施策を講ずるものとする。

２　国は，活力ある地域社会の形成を図るため，高齢者の社会的活動への参加を促進し，及びボランティア活動の基盤を整備するよう必要な施策を講ずるものとする。

（生活環境）

第12条　国は，高齢者が自立した日常生活を営むことができるようにするため，高齢者に適した住宅等の整備を促進し，及び高齢者のための住宅を確保し，並びに高齢者の円滑な利用に配慮された公共的施設の整備を促進するよう必要な施策を講ずるものとする。

２　国は，高齢者が不安のない生活を営むことができるようにするため，高齢者の交通の安全を確保するとともに，高齢者を犯罪の被害，災害等から保護する体制を整備するよう必要な施策を講ずるものとする。
（調査研究等の推進）
第13条 国は，高齢者の健康の確保，自立した日常生活への支援等を図るため，高齢者に特有の疾病の予防及び治療についての調査研究，福祉用具についての研究開発等を推進するよう努めるものとする。
（国民の意見の反映）
第14条 国は，高齢社会対策の適正な策定及び実施に資するため，国民の意見を国の施策に反映させるための制度を整備する等必要な施策を講ずるものとする。

### 第３章　高齢社会対策会議

（設置及び所掌事務）
第15条 内閣府に，特別の機関として，高齢社会対策会議（以下「会議」という。）を置く。
２　会議は，次に掲げる事務をつかさどる。
一　第６条の大綱の案を作成すること。
二　高齢社会対策について必要な関係行政機関相互の調整をすること。
三　前２号に掲げるもののほか，高齢社会対策に関する重要事項について審議し，及び高齢社会対策の実施を推進すること。
（組織等）
第16条 会議は，会長及び委員をもって組織する。
２　会長は，内閣総理大臣をもって充てる。
３　委員は，内閣官房長官，関係行政機関の長，内閣府設置法（平成11年法律第89号）第９条第１項に規定する特命担当大臣及びデジタル大臣のうちから，内閣総理大臣が任命する。
４　会議に，幹事を置く。
５　幹事は，関係行政機関の職員のうちから，内閣総理大臣が任命する。
６　幹事は，会議の所掌事務について，会長及び委員を助ける。
７　前各項に定めるもののほか，会議の組織及び運営に関し必要な事項は，政令で定める。

附　則　抄
（施行期日）
１　この法律は，公布の日から起算して３月を超えない範囲内において政令で定める日から施行する。

附　則　（平成11年７月16日法律第102号）抄
（施行期日）
第１条 この法律は，内閣法の一部を改正する法律（平成11年法律第88号）の施行の日から施行する。ただし，次の各号に掲げる規定は，当該各号に定める日から施行する。
一　略
二　附則第10条第１項及び第５項，第14条第３項，第23条，第28条並びに第30条の規定　公布の日
（別に定める経過措置）
第30条 第２条から前条までに規定するもののほか，この法律の施行に伴い必要となる経過措置は，別に法律で定める。

附　則　（令和３年５月19日法律第36号）抄
（施行期日）
第１条 この法律は，令和３年９月１日から施行する。ただし，附則第60条の規定は，公布の日から施行する。
（処分等に関する経過措置）
第57条 この法律の施行前にこの法律による改正前のそれぞれの法律（これに基づく命令を含む。以下この条及び次条において「旧法令」という。）の規定により従前の国の機関がした認定等の処分その他の行為は，法令に別段の定めがあるもののほか，この法律の施行後は，この法律による改正後のそれぞれの法律（これに基づく命令を含む。以下この条及び次条において「新法令」という。）の相当規定により相当の国の機関がした認定等の処分その他の行為とみなす。
２　この法律の施行の際現に旧法令の規定により従前の国の機関に対してされている申請，届出その他の行為は，法令に別段の定めがあるもののほか，この法律の施行後は，

新法令の相当規定により相当の国の機関に対してされた申請，届出その他の行為とみなす。

3　この法律の施行前に旧法令の規定により従前の国の機関に対して申請，届出その他の手続をしなければならない事項で，この法律の施行の日前に従前の国の機関に対してその手続がされていないものについては，法令に別段の定めがあるもののほか，この法律の施行後は，これを，新法令の相当規定により相当の国の機関に対してその手続がされていないものとみなして，新法令の規定を適用する。

（命令の効力に関する経過措置）

第58条　旧法令の規定により発せられた内閣府設置法第7条第3項の内閣府令又は国家行政組織法第12条第1項の省令は，法令に別段の定めがあるもののほか，この法律の施行後は，新法令の相当規定に基づいて発せられた相当の第7条第3項のデジタル庁令又は国家行政組織法第12条第1項の省令としての効力を有するものとする。

（政令への委任）

第60条　附則第15条，第16条，第51条及び前3条に定めるもののほか，この法律の施行に関し必要な経過措置（罰則に関する経過措置を含む。）は，政令で定める。

## 高齢者虐待の防止，高齢者の養護者に対する支援等に関する法律（抄）

### 第1章　総則

（目的）

第1条　この法律は，高齢者に対する虐待が深刻な状況にあり，高齢者の尊厳の保持にとって高齢者に対する虐待を防止することが極めて重要であること等にかんがみ，高齢者虐待の防止等に関する国等の責務，高齢者虐待を受けた高齢者に対する保護のための措置，養護者の負担の軽減を図ること等の養護者に対する養護者による高齢者虐待の防止に資する支援（以下「養護者に対する支援」という。）のための措置等を定めることにより，高齢者虐待の防止，養護者に対する支援等に関する施策を促進し，もって高齢者の権利利益の擁護に資することを目的とする。

（定義等）

第2条　この法律において「高齢者」とは，65歳以上の者をいう。

2　この法律において「養護者」とは，高齢者を現に養護する者であって養介護施設従事者等（第5項第1号の施設の業務に従事する者及び同項第2号の事業において業務に従事する者をいう。以下同じ。）以外のものをいう。

3　この法律において「高齢者虐待」とは，養護者による高齢者虐待及び養介護施設従事者等による高齢者虐待をいう。

4　この法律において「養護者による高齢者虐待」とは，次のいずれかに該当する行為をいう。

一　養護者がその養護する高齢者について行う次に掲げる行為

イ　高齢者の身体に外傷が生じ，又は生じるおそれのある暴行を加えること。

ロ　高齢者を衰弱させるような著しい減食又は長時間の放置，養護者以外の同居人によるイ，ハ又はニに掲げる行為と同様の行為の放置等養護を著しく怠ること。

ハ　高齢者に対する著しい暴言又は著しく拒絶的な対応その他の高齢者に著しい心理的外傷を与える言動を行うこと。

ニ　高齢者にわいせつな行為をすること又は高齢者をしてわいせつな行為をさせること。

二　養護者又は高齢者の親族が当該高齢者の財産を不当に処分することその他当該高齢者から不当に財産上の利益を得ること。

5　この法律において「養介護施設従事者等による高齢者虐待」とは，次のいずれかに該当する行為をいう。

一　老人福祉法（昭和38年法律第133号）

第5条の3に規定する老人福祉施設若しくは同法第29条第1項に規定する有料老人ホーム又は介護保険法（平成9年法律第123号）第8条第22項に規定する地域密着型介護老人福祉施設，同条第27項に規定する介護老人福祉施設，同条第28項に規定する介護老人保健施設，同条第29項に規定する介護医療院若しくは同法第115条の46第1項に規定する地域包括支援センター（以下「養介護施設」という。）の業務に従事する者が，当該養介護施設に入所し，その他当該養介護施設を利用する高齢者について行う次に掲げる行為

イ　高齢者の身体に外傷が生じ，又は生じるおそれのある暴行を加えること。

ロ　高齢者を衰弱させるような著しい減食又は長時間の放置その他の高齢者を養護すべき職務上の義務を著しく怠ること。

ハ　高齢者に対する著しい暴言又は著しく拒絶的な対応その他の高齢者に著しい心理的外傷を与える言動を行うこと。

ニ　高齢者にわいせつな行為をすること又は高齢者をしてわいせつな行為をさせること。

ホ　高齢者の財産を不当に処分することその他当該高齢者から不当に財産上の利益を得ること。

二　老人福祉法第5条の2第1項に規定する老人居宅生活支援事業又は介護保険法第8条第1項に規定する居宅サービス事業，同条第14項に規定する地域密着型サービス事業，同条第24項に規定する居宅介護支援事業，同法第8条の2第1項に規定する介護予防サービス事業，同条第12項に規定する地域密着型介護予防サービス事業若しくは同条第16項に規定する介護予防支援事業（以下「養介護事業」という。）において業務に従事する者が，当該養介護事業に係るサービスの提供を受ける高齢者について行う前号イからホまでに掲げる行為

6　65歳未満の者であって養介護施設に入所し，その他養介護施設を利用し，又は養介護事業に係るサービスの提供を受ける障害者（障害者基本法（昭和45年法律第84号）第2条第1号に規定する障害者をいう。）については，高齢者とみなして，養介護施設従事者等による高齢者虐待に関する規定を適用する。

（国及び地方公共団体の責務等）

第3条　国及び地方公共団体は，高齢者虐待の防止，高齢者虐待を受けた高齢者の迅速かつ適切な保護及び適切な養護者に対する支援を行うため，関係省庁相互間その他関係機関及び民間団体の間の連携の強化，民間団体の支援その他必要な体制の整備に努めなければならない。

2　国及び地方公共団体は，高齢者虐待の防止及び高齢者虐待を受けた高齢者の保護並びに養護者に対する支援が専門的知識に基づき適切に行われるよう，これらの職務に携わる専門的な人材の確保及び資質の向上を図るため，関係機関の職員の研修等必要な措置を講ずるよう努めなければならない。

3　国及び地方公共団体は，高齢者虐待の防止及び高齢者虐待を受けた高齢者の保護に資するため，高齢者虐待に係る通報義務，人権侵犯事件に係る救済制度等について必要な広報その他の啓発活動を行うものとする。

（国民の責務）

第4条　国民は，高齢者虐待の防止，養護者に対する支援等の重要性に関する理解を深めるとともに，国又は地方公共団体が講ずる高齢者虐待の防止，養護者に対する支援等のための施策に協力するよう努めなければならない。

（高齢者虐待の早期発見等）

第5条　養介護施設，病院，保健所その他高齢者の福祉に業務上関係のある団体及び養介護施設従事者等，医師，保健師，弁護士その他高齢者の福祉に職務上関係のある者は，高齢者虐待を発見しやすい立場にあることを自覚し，高齢者虐待の早期発見に努

めなければならない。

2　前項に規定する者は，国及び地方公共団体が講ずる高齢者虐待の防止のための啓発活動及び高齢者虐待を受けた高齢者の保護のための施策に協力するよう努めなければならない。

**第2章　養護者による高齢者虐待の防止，養護者に対する支援等**

（相談，指導及び助言）

第6条　市町村は，養護者による高齢者虐待の防止及び養護者による高齢者虐待を受けた高齢者の保護のため，高齢者及び養護者に対して，相談，指導及び助言を行うものとする。

（養護者による高齢者虐待に係る通報等）

第7条　養護者による高齢者虐待を受けたと思われる高齢者を発見した者は，当該高齢者の生命又は身体に重大な危険が生じている場合は，速やかに，これを市町村に通報しなければならない。

2　前項に定める場合のほか，養護者による高齢者虐待を受けたと思われる高齢者を発見した者は，速やかに，これを市町村に通報するよう努めなければならない。

3　刑法（明治40年法律第45号）の秘密漏示罪の規定その他の守秘義務に関する法律の規定は，前2項の規定による通報をすることを妨げるものと解釈してはならない。

第8条　市町村が前条第1項若しくは第2項の規定による通報又は次条第1項に規定する届出を受けた場合においては，当該通報又は届出を受けた市町村の職員は，その職務上知り得た事項であって当該通報又は届出をした者を特定させるものを漏らしてはならない。

（通報等を受けた場合の措置）

第9条　市町村は，第7条第1項若しくは第2項の規定による通報又は高齢者からの養護者による高齢者虐待を受けた旨の届出を受けたときは，速やかに，当該高齢者の安全の確認その他当該通報又は届出に係る事実の確認のための措置を講ずるとともに，第16条の規定により当該市町村と連携協力する者（以下「高齢者虐待対応協力者」という。）とその対応について協議を行うものとする。

2　市町村又は市町村長は，第7条第1項若しくは第2項の規定による通報又は前項に規定する届出があった場合には，当該通報又は届出に係る高齢者に対する養護者による高齢者虐待の防止及び当該高齢者の保護が図られるよう，養護者による高齢者虐待により生命又は身体に重大な危険が生じているおそれがあると認められる高齢者を一時的に保護するため迅速に老人福祉法第20条の3に規定する老人短期入所施設等に入所させる等，適切に，同法第10条の4第1項若しくは第11条第1項の規定による措置を講じ，又は，適切に，同法第32条の規定により審判の請求をするものとする。

（居室の確保）

第10条　市町村は，養護者による高齢者虐待を受けた高齢者について老人福祉法第10条の4第1項第3号又は第11条第1項第1号若しくは第2号の規定による措置を採るために必要な居室を確保するための措置を講ずるものとする。

（立入調査）

第11条　市町村長は，養護者による高齢者虐待により高齢者の生命又は身体に重大な危険が生じているおそれがあると認めるときは，介護保険法第115条の46第2項の規定により設置する地域包括支援センターの職員その他の高齢者の福祉に関する事務に従事する職員をして，当該高齢者の住所又は居所に立ち入り，必要な調査又は質問をさせることができる。

2　前項の規定による立入り及び調査又は質問を行う場合においては，当該職員は，その身分を示す証明書を携帯し，関係者の請求があるときは，これを提示しなければならない。

3　第1項の規定による立入り及び調査又は質問を行う権限は，犯罪捜査のために認められたものと解釈してはならない。

（警察署長に対する援助要請等）

第12条　市町村長は，前条第１項の規定による立入り及び調査又は質問をさせようとする場合において，これらの職務の執行に際し必要があると認めるときは，当該高齢者の住所又は居所の所在地を管轄する警察署長に対し援助を求めることができる。

２　市町村長は，高齢者の生命又は身体の安全の確保に万全を期する観点から，必要に応じ適切に，前項の規定により警察署長に対し援助を求めなければならない。

３　警察署長は，第１項の規定による援助の求めを受けた場合において，高齢者の生命又は身体の安全を確保するため必要と認めるときは，速やかに，所属の警察官に，同項の職務の執行を援助するために必要な警察官職務執行法（昭和23年法律第136号）その他の法令の定めるところによる措置を講じさせるよう努めなければならない。

（面会の制限）

第13条　養護者による高齢者虐待を受けた高齢者について老人福祉法第11条第１項第２号又は第３号の措置が採られた場合においては，市町村長又は当該措置に係る養介護施設の長は，養護者による高齢者虐待の防止及び当該高齢者の保護の観点から，当該養護者による高齢者虐待を行った養護者について当該高齢者との面会を制限することができる。

（養護者の支援）

第14条　市町村は，第６条に規定するもののほか，養護者の負担の軽減のため，養護者に対する相談，指導及び助言その他必要な措置を講ずるものとする。

２　市町村は，前項の措置として，養護者の心身の状態に照らしその養護の負担の軽減を図るため緊急の必要があると認める場合に高齢者が短期間養護を受けるために必要となる居室を確保するための措置を講ずるものとする。

（専門的に従事する職員の確保）

第15条　市町村は，養護者による高齢者虐待の防止，養護者による高齢者虐待を受けた高齢者の保護及び養護者に対する支援を適切に実施するために，これらの事務に専門的に従事する職員を確保するよう努めなければならない。

（連携協力体制）

第16条　市町村は，養護者による高齢者虐待の防止，養護者による高齢者虐待を受けた高齢者の保護及び養護者に対する支援を適切に実施するため，老人福祉法第20条の７の２第１項に規定する老人介護支援センター，介護保険法第115条の46第３項の規定により設置された地域包括支援センターその他関係機関，民間団体等との連携協力体制を整備しなければならない。この場合において，養護者による高齢者虐待にいつでも迅速に対応することができるよう，特に配慮しなければならない。

（事務の委託）

第17条　市町村は，高齢者虐待対応協力者のうち適当と認められるものに，第６条の規定による相談，指導及び助言，第７条第１項若しくは第２項の規定による通報又は第９条第１項に規定する届出の受理，同項の規定による高齢者の安全の確認その他通報又は届出に係る事実の確認のための措置並びに第14条第１項の規定による養護者の負担の軽減のための措置に関する事務の全部又は一部を委託することができる。

２　前項の規定による委託を受けた高齢者虐待対応協力者若しくはその役員若しくは職員又はこれらの者であった者は，正当な理由なしに，その委託を受けた事務に関して知り得た秘密を漏らしてはならない。

３　第１項の規定により第７条第１項若しくは第２項の規定による通報又は第９条第１項に規定する届出の受理に関する事務の委託を受けた高齢者虐待対応協力者が第７条第１項若しくは第２項の規定による通報又は第９条第１項に規定する届出を受けた場合には，当該通報又は届出を受けた高齢者虐待対応協力者又はその役員若しくは職員は，その職務上知り得た事項であって当該通報又は届出をした者を特定させるものを漏らしてはならない。

（周知）

第18条　市町村は，養護者による高齢者虐待の防止，第7条第1項若しくは第2項の規定による通報又は第9条第1項に規定する届出の受理，養護者による高齢者虐待を受けた高齢者の保護，養護者に対する支援等に関する事務についての窓口となる部局及び高齢者虐待対応協力者の名称を明示すること等により，当該部局及び高齢者虐待対応協力者を周知させなければならない。

（都道府県の援助等）

第19条　都道府県は，この章の規定により市町村が行う措置の実施に関し，市町村相互間の連絡調整，市町村に対する情報の提供その他必要な援助を行うものとする。

2　都道府県は，この章の規定により市町村が行う措置の適切な実施を確保するため必要があると認めるときは，市町村に対し，必要な助言を行うことができる。

## 第4章　雑則

（調査研究）

第26条　国は，高齢者虐待の事例の分析を行うとともに，高齢者虐待があった場合の適切な対応方法，高齢者に対する適切な養護の方法その他の高齢者虐待の防止，高齢者虐待を受けた高齢者の保護及び養護者に対する支援に資する事項について調査及び研究を行うものとする。

（財産上の不当取引による被害の防止等）

第27条　市町村は，養護者，高齢者の親族又は養介護施設従事者等以外の者が不当に財産上の利益を得る目的で高齢者と行う取引（以下「財産上の不当取引」という。）による高齢者の被害について，相談に応じ，若しくは消費生活に関する業務を担当する部局その他の関係機関を紹介し，又は高齢者虐待対応協力者に，財産上の不当取引による高齢者の被害に係る相談若しくは関係機関の紹介の実施を委託するものとする。

2　市町村長は，財産上の不当取引の被害を受け，又は受けるおそれのある高齢者について，適切に，老人福祉法第32条の規定により審判の請求をするものとする。

（成年後見制度の利用促進）

第28条　国及び地方公共団体は，高齢者虐待の防止及び高齢者虐待を受けた高齢者の保護並びに財産上の不当取引による高齢者の被害の防止及び救済を図るため，成年後見制度の周知のための措置，成年後見制度の利用に係る経済的負担の軽減のための措置等を講ずることにより，成年後見制度が広く利用されるようにしなければならない。

## 第5章　罰則

第29条　第17条第2項の規定に違反した者は，1年以下の懲役又は100万円以下の罰金に処する。

第30条　正当な理由がなく，第11条第1項の規定による立入調査を拒み，妨げ，若しくは忌避し，又は同項の規定による質問に対して答弁をせず，若しくは虚偽の答弁をし，若しくは高齢者に答弁をさせず，若しくは虚偽の答弁をさせた者は，30万円以下の罰金に処する。

# おわりに

本書に類するような書籍は複数の研究者で執筆したものが多く，その一貫性に疑問を抱いてきた。しかし，今回改めて単独で高齢者福祉論を政策的知見から執筆して感じたことは，介護保険法制度を導入することを通じて高齢者福祉は一定の制度上の完成を得たのではないかということである。残された課題は，費用負担の問題である。また，執筆中にも新しい法案が国会を通過した。社会問題として認識された事象に関しては，政府も素早く法制化する傾向にある。しかし，膨大な予算を伴わない法制化はある意味国会を通過しやすいが，予算措置を伴う法制化は困難を要すると思われる。

今後は，介護保険制度を核としながら，コミュニティケアを基盤とする地域福祉政策に軸足を移そうとしている。公私の協同による福祉政策や地域政策をいかに進めていくのかが課題となるだろう。

福祉の潮流は，自助の時代，共助の時代，公助の時代を経て協同の時代へと進展していくものと考えられる。同時に長年放置してきた少子化問題に対して，政府もようやく本腰を入れようとしている。このことは，数十年前より筆者が指摘してきたことであるが，人口の不均衡な分布は社会全体を疲弊させてしまい，何よりも重要な支え手を確保できないばかりか，社会福祉制度や社会保障制度全体をも維持することが困難な状況を生み出す。これまでは，社会福祉六法が歴史的変遷を経てある意味縦割りの福祉政策を形成してきたが，今後はそれらを統合するような政策理念や制度設計などに力が向けられると感じる。

別の見方をするならば，世界でもトップクラスの長寿国となったことは，それだけ医療制度や福祉制度が限られた財源のなかで創意工夫されてきたわけであり，平和な社会を前提として日本独自の高齢者施策を講じてきたと考えられる。日本より少子化が深刻な韓国や，一人っ子政策を継続してきた中国では，より深刻で急速な少子高齢社会が到来することが予想されるが，わが国の政策が何らかのヒントになることを望みたい。

最後に，読者には明治期から政策視点に基づく高齢者福祉の変遷を理解していただいたが，中福祉中負担路線を堅持する日本の福祉政策の特徴を注視していただきたい。

3年ごとに改訂される介護保険事業計画や介護保険法の改定によって第5章，第6章の部分は最新の情報を入手されることを勧めたい。それ以外の部分は極端な変更はないものと考えている。本書が永く読者に愛される書物として活用されることを期待しながら，最後の挨拶とさせていただく。

2023年10月　　坂本　勉

# 索　引

（＊は人名）

## あ　行



## か　行

## さ　行

## た　行



## な　行

## は　行

## ま　行



## や　行



## ら　行

## 欧　文

《著者紹介》

坂本　勉（さかもと・つとむ）

関西福祉科学大学大学院社会福祉学研究科臨床福祉学専攻博士後期課満期退学
佛教大学社会学研究科社会福祉学専攻博士前期課程修了
修士（社会学），社会福祉士

現　在　佛教大学社会福祉学部准教授
　　　　京都府八幡市介護保険事業計画等策定委員会委員長

著　書　『高齢者の経済的虐待の予防――自己責任時代の権利擁護』（単著）学事出版，2023年
　　　　『高齢期におけるリスク管理とその対応策――高齢者への虐待予防にむけて』（訳）ブックウェイ，2020年
　　　　『高齢者福祉論』（共著）ミネルヴァ書房，2009年

高齢者福祉政策論

2024年 2 月20日　初版第 1 刷発行　〈検印省略〉

定価はカバーに
表示しています

著　者　坂　本　勉
発行者　杉　田　啓　三
印刷者　藤　森　英　夫

発行所　株式会社　ミネルヴァ書房
607-8494　京都市山科区日ノ岡堤谷町1
電話代表　(075)581-5191
振替口座　01020-0-8076



亜細亜印刷・新生製本

ISBN978-4-623-09648-0

Printed in Japan